NATIONAL
GEOGRAPHIC
KiDS

MON
GRAND
LIVRE DES
COMMENT

MON GRAND LIVRE DES COMMENT

Jill Esbaum

Texte français du Groupe Syntagme

NATIONAL
GEOGRAPHIC
KiDS

WASHINGTON, D.C.

TABLE DES MATIÈRES

Comment **FONCTIONNENT** les fours à micro-ondes?

Comment une maison peut-elle rester **CHAUDE** en hiver et **FRAÎCHE** en été?

6

À LA MAISON

1

Comment fonctionnent **LES ASPIRATEURS?**

COMMENT UNE MAISON PEUT-ELLE RESTER **CHAUDE EN HIVER** ET **FRAÎCHE EN ÉTÉ?**

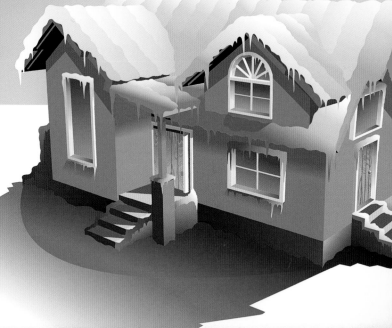

Avant l'invention du chauffage central, les gens chauffaient une pièce ou deux grâce à un **FOYER**. Ils faisaient aussi chauffer des **BRIQUES** qu'ils glissaient entre leurs draps froids pour ne pas avoir les pieds gelés à l'heure du coucher.

La chaudière produit de la chaleur à l'intérieur de la maison lorsqu'il fait froid à l'extérieur. Elle chauffe l'air, et des ventilateurs font circuler cet air partout dans la maison au moyen de **conduits**.

C'est le climatiseur qui garde la maison fraîche pendant l'été. Cet appareil aspire l'air de l'extérieur et le refroidit. Un ventilateur diffuse cet air frais dans toute la maison.

Quelle température veux-tu qu'il fasse, chez toi? On règle la température à l'aide d'un dispositif appelé **thermostat**. Le thermostat utilise des capteurs pour analyser la température de la maison. S'il fait trop froid, il ordonne à la chaudière de se mettre en marche. Si la température est trop élevée, il fait fonctionner le climatiseur.

La façon dont les murs sont construits contribue aussi à assurer le confort de la maison. Habituellement, l'intérieur des murs est recouvert d'un rembourrage assez épais qu'on appelle **laine isolante** et qui empêche l'air de l'extérieur de pénétrer à l'intérieur.

9

COMMENT L'ÉLECTRICITÉ SE REND-ELLE JUSQU'À CHEZ MOI?

Quand tu actionnes l'interrupteur, la lumière s'allume. Quand tu branches un appareil électrique, comme un ventilateur, un sèche-cheveux ou un grille-pain, il fonctionne! Mais l'électricité a parcouru un long chemin pour arriver jusque chez toi.

INFOS

Avec quoi fabriquons-nous de **L'ÉLECTRICITÉ?**

Avec du vent, de l'eau, du soleil et même des **EXCRÉMENTS D'ANIMAUX.**

L'ANGUILLE ÉLECTRIQUE est une espèce de poisson qui produit de l'électricité.

Il y a toujours de l'électricité dans l'air. Quand la foudre tombe, un **ÉCLAIR** peut atteindre la température de 30 000 °C.

Un oiseau peut se percher sans crainte sur un **FIL ÉLECTRIQUE,** mais il ne doit jamais toucher deux fils en même temps.

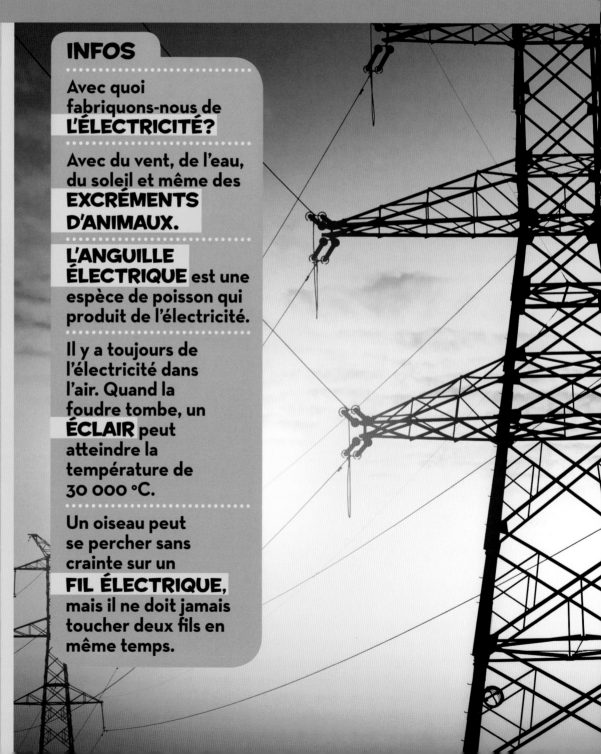

En général, l'électricité est produite dans des **centrales**. Ces centrales envoient d'énormes quantités d'électricité dans de très gros câbles qu'on appelle les lignes à haute tension. L'électricité arrive dans des installations plus petites, les postes électriques. Dans ces postes, l'électricité est divisée et envoyée par des lignes plus petites jusqu'aux résidences et aux commerces.

L'électricité entre chez toi par le panneau électrique. À partir de là, elle circule dans des **fils électriques** cachés à l'intérieur des murs, des plafonds et des planchers, et se rend jusqu'aux prises de courant et aux interrupteurs.

À quelle **VITESSE L'ÉLECTRICITÉ** se déplace-t-elle? Supposons qu'une ampoule est installée sur la Lune et que l'interrupteur se trouve chez toi. Quand tu activerais l'interrupteur, **IL FAUDRAIT À PEINE PLUS D'UNE SECONDE** pour que l'électricité atteigne la Lune et que l'ampoule s'éclaire.

11

COMMENT TRANSFORME-T-ON LES ARBRES EN PLANCHERS DE BOIS?

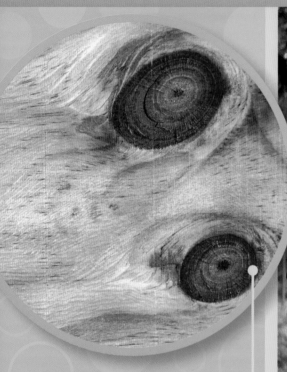

Premièrement, les arbres sont abattus et débités. Les bûcherons s'assurent qu'il n'y a pas trop de nœuds. **Les nœuds** sont des parties fragiles qui se fendent plus facilement.

Il faut une scie pour couper les billots et en faire des planches. Il faut aussi une sableuse pour polir les planches et faire disparaître les marques laissées par la scie. Une autre machine taille **des rainures et des languettes** dans les planches. On installe les planches une par une sur le sol, en insérant bien les languettes dans les rainures.

Certains fabricants essaient toutes sortes de nouveaux matériaux pour faire des planchers : **DU BAMBOU, DU CIMENT, DU LIÈGE, DU CAOUTCHOUC, DU VERRE**, et même **DU CUIR**, des pièces de monnaie ou **DES BOUCHONS DE BOUTEILLE!**

De nombreuses pépinières ne cultivent que des arbres qui conviennent aux planchers et à l'ébénisterie. Parmi eux, on compte le chêne, le frêne, le noyer, l'érable, le caryer, le pin, le hêtre et le cerisier.

COMMENT FONCTIONNE UN SÈCHE-CHEVEUX?

Il y a dans un sèche-cheveux un **fil de métal hélicoïdal,** qu'on appelle **l'élément chauffant.** Quand tu mets le sèche-cheveux en marche, l'électricité fait chauffer le fil de métal jusqu'à ce qu'il soit d'un rouge vif. Un petit ventilateur aspire l'air à l'arrière du sèche-cheveux pour le faire ressortir par **le bec.** En passant autour du fil chauffé, l'air devient chaud.

Les **SÈCHE-CHEVEUX** ne servent pas qu'à sécher les cheveux. On peut aussi s'en servir pour **DÉGIVRER UNE SERRURE,** faire sécher rapidement la **PEINTURE,** ramollir la **CRÈME GLACÉE** ou encore sécher un **CHIEN MOUILLÉ.**

L'air aspiré à l'arrière du sèche-cheveux ne met qu'une demi-seconde environ pour chauffer. Si l'air restait trop longtemps à l'intérieur de l'appareil, il deviendrait très chaud et brûlerait les cheveux.

On appelle **FIL HÉLICOÏDAL** un fil de métal **ENROULÉ** qui ressemble à un ressort.

COMMENT FONCTIONNENT LES SONNETTES?

Dring! Dring! **On sonne à la porte!**

Certaines sonnettes fonctionnent à l'électricité. Quand tu appuies sur le bouton, tu envoies un bref signal électrique à un aimant spécial appelé **électro-aimant** qui réagit instantanément à ce signal. L'électro-aimant met en mouvement un **petit marteau** qui va frapper une clochette, un carillon ou un autre objet faisant du bruit.

CERTAINES PERSONNES sont sourdes : elles n'entendent aucun son. Chez elles, les **SONNETTES** allument une **LUMIÈRE** au lieu de faire du bruit.

Il existe aussi des sonnettes à battant. Quand on appuie sur le bouton, deux pièces de métal entrent en contact. Un courant électrique passe d'une pièce à l'autre et actionne un petit marteau qui frappe le battant. *Dring!* Quand on cesse d'appuyer, un petit ressort remet le bouton en place.

Certaines **SONNETTES** jouent de la musique, font des bruits de **TONNERRE**, ou même imitent des **CRIS D'ANIMAUX**.

COMMENT FONCTIONNENT LES FOURS À MICRO-ONDES?

L'univers est entièrement composé de minuscules éléments appelés des **molécules.** On ne peut pas les voir à l'œil nu : les molécules sont si petites qu'il faut un puissant microscope pour les observer.

Quand tu mets le four à micro-ondes en marche, des ondes de chaleur invisibles, les micro-ondes, vont frapper les **molécules d'eau** contenues dans les aliments. La chaleur fait vibrer ces molécules qui se mettent à bouger rapidement.

Tous ces mouvements produisent de la chaleur, et c'est ainsi que les aliments cuisent. Plus la vibration est rapide, plus les aliments chauffent. Puisque les micro-ondes rebondissent partout dans le four, elles cuisent les aliments de tous les côtés à la fois.

Comme le **MAÏS SOUFFLÉ** est l'aliment pour lequel on utilise le plus un four à **MICRO-ONDES,** la plupart d'entre eux ont une **FONCTION** « maïs soufflé ».

COMMENT LES RÉFRIGÉRATEURS CONSERVENT-ILS LA FRAÎCHEUR?

La **MEILLEURE FAÇON** pour que l'intérieur du réfrigérateur reste **FROID**, c'est d'ouvrir la porte **LE MOINS SOUVENT POSSIBLE.**

Certains aliments doivent être conservés au frais, sinon ils ne sont plus bons à manger. La meilleure façon de les conserver, c'est de les mettre au réfrigérateur.

Tu as déjà entendu le moteur du réfrigérateur? Le moteur dépense beaucoup d'énergie pour faire fonctionner une machine appelée compresseur, qui sert à refroidir l'air.

Il y a à l'intérieur du réfrigérateur un **thermostat.** C'est un instrument qui règle la température. S'il fait trop chaud, le thermostat envoie un signal au moteur, qui met le compresseur en marche.

JOURNÉE PORTE OUVERTE

Combien de fois par jour ouvres-tu la porte du réfrigérateur? Laisse un papier et un crayon sur le comptoir de la cuisine. Demande à chacun des membres de ta famille de faire un X chaque fois qu'il ouvre le réfrigérateur. Alors, est-ce que cette porte s'ouvre plus souvent ou moins souvent que tu ne le pensais?

COMMENT FONCTIONNENT LES ASPIRATEURS?

Quand tu bois du jus avec une paille, tu aspires le jus. C'est exactement ce que fait l'aspirateur. Mais lui, c'est de l'air qu'il aspire.

AVANT l'invention des aspirateurs, les gens **SORTAIENT LEURS TAPIS** et les battaient à l'aide d'un instrument **DE BOIS OU DE MÉTAL** pour en déloger la poussière.

22

Le moteur de l'aspirateur actionne un puissant **ventilateur**. Quand le ventilateur tourne, ses pales font circuler l'air dans l'appareil.

La poussière et les saletés sont aspirées en même temps que l'air. Elles sont arrêtées par un filtre alors que l'air, lui, ressort de l'autre côté de l'aspirateur.

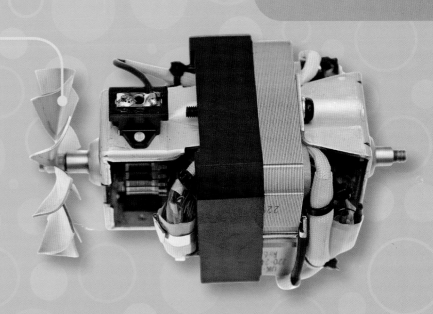

COMMENT L'EAU ARRIVE-T-ELLE JUSQU'AU ROBINET?

Si tu habites dans une ville, l'eau du robinet vient d'une source souterraine, d'un lac ou d'un cours d'eau. L'eau passe d'abord par une usine de traitement des eaux, où on la teste et on la traite pour s'assurer qu'elle est propre et bonne à boire.

L'eau potable est ensuite dirigée vers un réseau de canalisations souterraines — sous les rues, les trottoirs et les parterres — et arrive enfin à un tuyau qui l'apporte aux robinets de ta maison.

INFOS

La plus grande partie de notre planète est **RECOUVERTE D'EAU.**

Toutes les secondes, environ trois millions de litres d'eau tombent **DES CHUTES NIAGARA.**

Au Canada, le tiers de l'eau potable sert à faire fonctionner **LES TOILETTES.**

Quatre litres d'eau pèsent quatre kilos. C'est à peu près le poids d'un **CHAT DOMESTIQUE.**

usine de traitement des eaux

24

Dans chaque robinet, un bouchon retient l'eau jusqu'à ce que quelqu'un l'ouvre. Mais les robinets ne sont pas tous identiques. Il y en a qu'il faut ouvrir en les tournant, d'autres, en les poussant. Pour certains, il suffit de passer la main devant.

Si tu habites loin d'une ville, l'eau du robinet vient probablement d'un puits près de chez toi. Un puits est un trou profond creusé par des machines spéciales qui peuvent atteindre l'eau qui circule sous la terre. Dans le puits, une pompe électrique fait remonter l'eau jusqu'à un réservoir, puis jusqu'aux tuyaux de la maison.

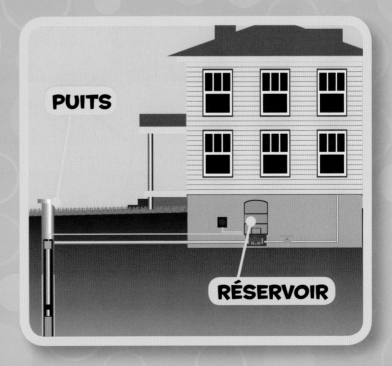

PUITS

RÉSERVOIR

JOUONS UN PEU!

Regarde bien les deux maisons.
Peux-tu trouver dix différences entre elles?

1. Il n'y a plus de pommes dans l'arbre devant la fenêtre de la cuisine; 2. L'automobile mauve, dans le garage, est devenue verte; 3. Il n'y a plus d'oreiller ni de couverture sur les lits; 4. Il n'y a pas d'haltères sur la table au pied de l'escalier; 5. Dans la chambre du bébé, les biberons sont maintenant sur la chaise; 6. Il n'y a plus de poignée sur les portes des armoires dans la salle de lavage; 7. Il n'y a plus de lampe avec un abat-jour rouge sur la commode de la chambre; 8. Dans la cuisine, la lampe verte est maintenant rouge; 9. Le store de la salle de bain est entièrement baissé; 10. Il n'y a plus de tableau sur le mur du salon.

27

Comment
PEINT-ON LES AUTOMOBILES?

Comment fonctionne
LE DÉRAILLEUR D'UN VÉLO?

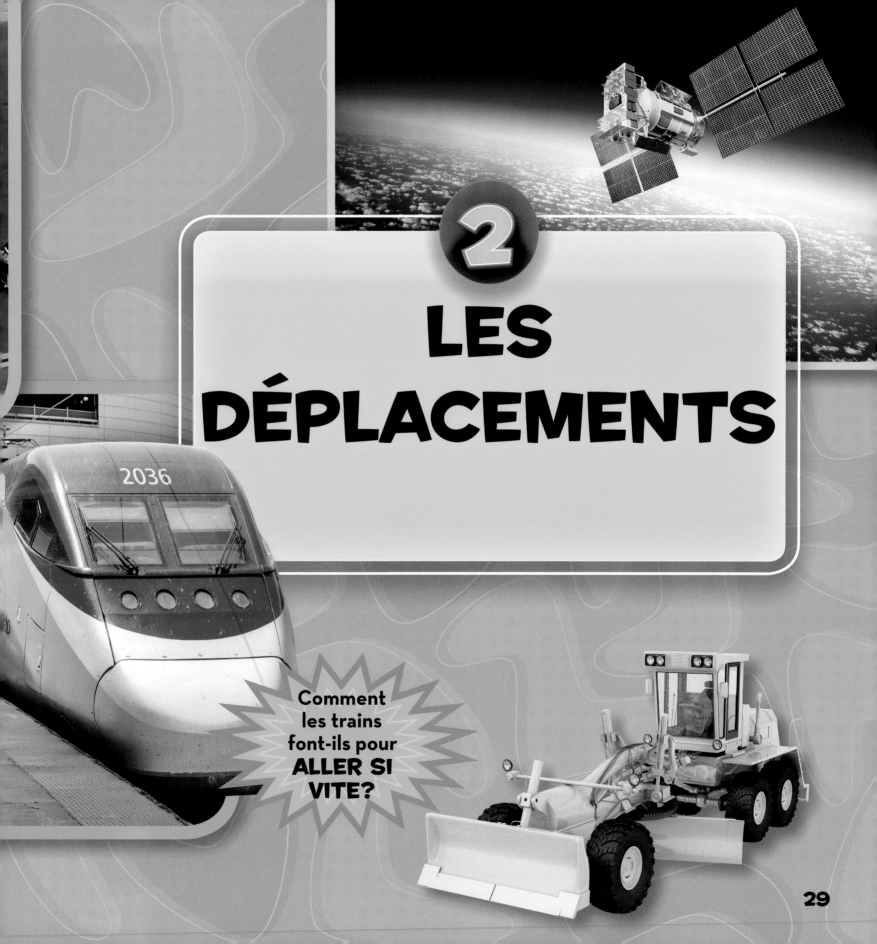

2

LES DÉPLACEMENTS

Comment les trains font-ils pour **ALLER SI VITE?**

As-tu déjà roulé sur un vélo à plusieurs **VITESSES?**

COMMENT FONCTIONNE LE DÉRAILLEUR D'UN VÉLO?

De nombreux vélos n'ont qu'une seule vitesse : celle de la personne qui pédale! Mais certains ont trois, cinq, ou même vingt-sept vitesses!

Les vélos à plusieurs vitesses sont équipés de deux ou trois plateaux de pédalier, installés sur la roue avant, et comptent de sept à onze pignons, installés sur la roue arrière. **Les plateaux et les pignons** sont faits de métal et sont dentelés, de façon à pouvoir maintenir la chaîne en place.

Chaque année, il y a environ **100 MILLIONS** de nouveaux vélos sur les routes.

Pour changer de vitesse, le cycliste utilise les **manettes de dérailleur**. Elles permettent de faire passer la chaîne d'un plateau ou d'un pignon à un autre de taille différente. Pédaler devient alors plus difficile, ou plus facile.

Imagine que tu fais du vélo sur un chemin plat et que tu es en deuxième vitesse sur ton vélo qui en a trois. Tu te mets ensuite à grimper une côte, mais à mi-chemin, tu as du mal à avancer. Que devrais-tu faire? Revenir à la première vitesse! Pédaler deviendra soudain beaucoup plus facile!

31

COMMENT PEINT-ON LES AUTOMOBILES?

C'est dans l'usine où elles sont construites que les nouvelles automobiles sont peintes. Beaucoup de pièces sont peintes avant que la voiture ne soit assemblée. Si quelqu'un veut faire repeindre sa voiture pour une raison quelconque (par exemple une éraflure), il doit l'amener dans un atelier spécial, où les voitures sont repeintes une à la fois. Peu importe la couleur choisie, son propriétaire veut que la peinture soit brillante et lisse.

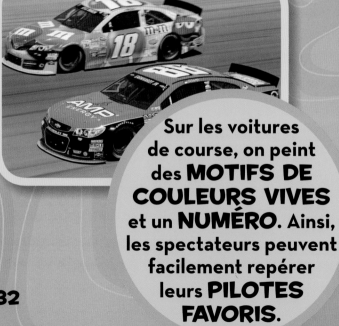

Sur les voitures de course, on peint des **MOTIFS DE COULEURS VIVES** et un **NUMÉRO**. Ainsi, les spectateurs peuvent facilement repérer leurs **PILOTES FAVORIS**.

Les ouvriers travaillent avec une sorte de pistolet à peinture, dans une grande pièce extrêmement propre. Si un grain de poussière tombait sur la voiture, il ferait une bosse sur la peinture. Les gens qui travaillent dans ces pièces doivent eux aussi être propres. Ils portent même une combinaison spéciale.

La peinture n'est pas terminée tant que la dernière couche, un revêtement transparent, n'a pas été appliquée. Lorsque le revêtement est sec, on procède à l'inspection de la voiture à l'aide d'une caméra spéciale qui repère le moindre grain de poussière!

PETIT SONDAGE SUR LES COULEURS

Fais donc ce petit sondage la prochaine fois que tu feras un trajet en voiture. Tu auras besoin de papier et d'un crayon.

En haut de la feuille, écris le nom des couleurs de voiture les plus populaires : blanc, argenté, rouge, jaune, noir et bleu. Pendant cinq minutes (ou plus, si tu veux), prends note de la couleur des automobiles que tu croises en cochant la colonne correspondante.

Quelle couleur as-tu le plus vue? Y a-t-il une couleur que tu n'as pas cochée?

blanc	argenté	rouge	jaune	noir	bleu
				✓	✓
✓	✓	✓			
✓	✓	✓		✓	
✓	✓			✓	
				✓	
✓					
✓					
✓					

COMMENT CONSTRUIT-ON LES ROUTES?

Pour construire les routes, on a besoin de **machines comme des bulldozers, des niveleuses et des camions à benne**. Pour commencer, il faut creuser et aplanir le chemin où les automobiles circuleront.

bulldozer

Ensuite, il faut étendre du **gravier**, un mélange de petits cailloux, sur la chaussée. De lourdes machines roulent sur le gravier pour le tasser et bien l'aplanir.

niveleuse

rouleau compresseur

Quand il fait **TRÈS CHAUD**, le béton **S'ÉTEND**. Quand il fait **TRÈS FROID**, il **SE CONTRACTE**. L'expansion et la contraction **PROVOQUENT DES FISSURES**. Pour prévenir ces fissures, les travailleurs creusent dans le béton frais des sillons qu'on appelle des **JOINTS**, pour que le béton puisse prendre de l'expansion et se contracter sans se fissurer.

On utilise sur certaines routes un mélange très chaud de bitume, de sable et de pierres concassées, qu'on appelle **asphalte**. D'autres routes sont recouvertes de béton. En séchant, l'asphalte et le béton deviennent très durs et résistants.

Quand la chaussée est sèche, d'autres machines tracent des lignes sur les côtés et au milieu. Parfois, on mélange à cette peinture des petites billes spéciales qui reflètent la lumière des phares. Les conducteurs peuvent ainsi mieux voir les lignes la nuit ou sous la pluie.

Parfois, on construit des **TUNNELS SOUS LES ROUTES** pour permettre aux animaux sauvages comme les chevreuils, les orignaux, les lynx ou les ours, de **TRAVERSER EN TOUTE SÉCURITÉ**.

pont à poutres

COMMENT CONSTRUIT-ON LES PONTS?

Il existe trois grands types de ponts : les ponts à poutres, les ponts suspendus et les ponts en arc. Chaque construction est bien différente.

pont suspendu

pont en arc

Pour les ponts à poutres, les constructeurs dressent d'abord d'énormes piliers d'acier ou de ciment au fond de la rivière, du lac ou de la baie que le pont enjambera. Ensuite, ils installent de solides poutres transversales, sur lesquelles ils peuvent construire la route.

Pour faire un pont en arc, les constructeurs commencent par les extrémités du pont, puis avancent vers le milieu. De solides câbles d'acier maintiennent en place chaque bout du pont jusqu'à ce que les deux moitiés se rejoignent.

Pour un pont suspendu, les travailleurs commencent également par les extrémités et se rejoignent au milieu. Des câbles d'acier géants sont attachés solidement à chaque bout du pont pour qu'il ne s'affaisse pas.

Le **PONT ROUTIER LE PLUS LONG** du monde se trouve en Thaïlande. Le pont **BANG NA** s'étend sur 55 kilomètres de long. Il faut à peu près **20 MINUTES** pour le traverser en automobile.

COMMENT LES GRUES SE RENDENT-ELLES **AU SOMMET DES IMMEUBLES?**

Pour se rendre dans **LA CABINE** de la grue, les conducteurs escaladent de **TRÈS GRANDES** échelles.

Il existe trois façons de transporter une grue jusqu'en haut des immeubles.

La grue peut se rendre jusqu'au sommet en passant par l'extérieur de l'immeuble. On l'installe au pied de l'immeuble en construction auquel on l'attache à l'aide de barres de métal qu'on appelle des étais. Plus la construction s'élève, plus on ajoute des étais à la grue pour l'élever elle aussi.

On peut aussi installer la grue à l'intérieur de l'immeuble. La construction se fera autour d'elle. Lorsque la grue ne se rend plus jusqu'en haut, on la soulève à l'aide d'une machine spéciale. Les travailleurs glissent alors sous la grue des poutres d'acier sur lesquelles elle pourra prendre appui. La grue pourra monter et monter encore, tant qu'il le faut!

Parfois, la grue est démontée, et un gros hélicoptère transporte les pièces jusqu'au sommet de l'immeuble. Les travailleurs y remontent la grue et se mettent au travail.

COMMENT FABRIQUE-T-ON LES PNEUS?

Pour fabriquer des pneus, on verse du caoutchouc dans un moule, un peu comme pour faire des gaufres.

Pour commencer, on verse dans d'énormes cuves de minces feuilles de caoutchouc, des pneus recyclés et des liquides. À force d'être brassé, le mélange finit par chauffer, et le caoutchouc ramollit. Des machines aplatissent le caoutchouc pour en faire de nouvelles feuilles. Ces feuilles sont lavées à l'eau savonneuse, puis étendues pour sécher.

Le plus **GROS** pneu au monde (fabriqué pour le plaisir) se trouve près de l'aéroport de Détroit, dans le **MICHIGAN**, aux États-Unis. Il a déjà servi de **GRANDE ROUE!**

Les plus **GROS** pneus installés sur des véhicules sont plus grands que des **ÉLÉPHANTS**. Un seul de ces pneus pèse autant que deux camionnettes.

Pour rendre ce matériau plus résistant, on y ajoute de l'acier, de la corde et du nylon — un matériau solide et extensible. On donne au caoutchouc **la forme d'un cercle** : c'est la bande de roulement. Cette bande est montée sur une sorte de tambour. Après quelques étapes de plus, on peut retirer le pneu de la machine et le laisser refroidir.

COMMENT LES TRAINS FONT-ILS POUR ALLER SI VITE?

As-tu déjà essayé de **COMPTER** les wagons des trains qui **DÉFILENT** sous tes yeux?

Le train le plus rapide du monde, le **Shangai Maglev,** circule en Chine. Il peut atteindre la vitesse de 430 km/h. C'est quatre fois la vitesse à laquelle les voitures roulent sur les autoroutes.

Le train le plus rapide en Amérique du Nord est **l'Acela Express** d'Amtrak. Il transporte des voyageurs entre Boston, dans le Massachusetts et Washington, D.C. Ce train peut rouler à 240 km/h.

Le **TRAIN LE PLUS LONG** du monde servait au transport du **MINERAI DE FER** en Australie. Il fallait **HUIT LOCOMOTIVES POUR TIRER** ses **682 WAGONS.**

COMMENT LES SOUS-MARINS FONT-ILS POUR RESTER SOUS L'EAU?

commandes des ballasts

Il faut des moteurs puissants pour garder un sous-marin sous l'eau, mais les ballasts ont aussi leur importance. Les ballasts sont des réservoirs, des compartiments géants, situés à l'intérieur du sous-marin. Ils contiennent de l'air ou de l'eau. Les sous-mariniers contrôlent la quantité d'air ou d'eau qui entre dans les réservoirs ou qui en sort.

Les sous-marins de la Marine américaine peuvent plonger **JUSQU'À 250 MÈTRES** de profondeur.

Les sous-mariniers dorment dans des **COUCHETTES** superposées par trois.

Quand ils n'ont pas de tâche à effectuer, les membres de l'équipage **JOUENT AUX CARTES** ou regardent des films.

Pour que le sous-marin puisse plonger, les sous-mariniers doivent expulser l'air des ballasts et y faire entrer de l'eau de mer. Comme l'eau est plus lourde que l'air qu'elle remplace, le sous-marin devient lui aussi plus lourd. C'est ainsi qu'il peut rester en profondeur.

Lorsqu'il faut faire remonter le sous-marin à la surface, les membres de l'équipage actionnent une manette qui souffle de l'air dans les ballasts. Cet air renvoie l'eau dans la mer. Les ballasts, pleins d'air, sont légers. Le sous-marin peut donc remonter à la surface et y rester.

LES DÉPLACEMENTS

Il n'y a pas de fenêtres dans un sous-marin. Quand il est en plongée, l'équipage **NE VOIT RIEN** de ce qui les entoure. Des **ORDINATEURS** donnent la position du sous-marin à l'équipage.

Dans les sous-marins modernes, on **DISTILLE** l'eau de mer pour la dessaler. **CETTE EAU EST PRÉCIEUSE** : les sous-mariniers ne laissent jamais couler l'eau inutilement quand ils se brossent **LES DENTS,** se lavent **LES MAINS** ou prennent leur douche.

COMMENT LANCE-T-ON UNE FUSÉE DANS L'ESPACE?

La fusée est attachée à d'énormes réservoirs remplis de carburant. Lorsqu'il brûle, le carburant pousse de l'air très chaud à l'arrière de la fusée. C'est ce qu'on appelle la poussée. La **poussée** d'une fusée est puissante! Elle arrive à faire décoller la lourde fusée de sa rampe de lancement et à l'envoyer vers le ciel. La fusée atteint l'espace lorsqu'elle a pris assez d'altitude pour échapper à la gravité terrestre.

La **GRAVITÉ** est une force invisible qui **ATTIRE** toutes les choses vers la **TERRE**.

Les **SATELLITES** de communication **ENVOIENT DES SIGNAUX**. C'est grâce à eux que les téléphones cellulaires, les télévisions et les radios **FONCTIONNENT**.

Les fusées ont plusieurs utilités. Parfois, elles transportent des gens. Elles servent également à placer des **satellites de communication** en orbite autour de la Terre. Elles apportent aussi des outils d'exploration jusque dans l'espace. Ces outils recueillent de l'information sur l'espace et les autres planètes, et les renvoient aux scientifiques restés sur Terre.

Les fusées servent également à transporter des fournitures, par exemple de la nourriture, du carburant et l'équipement nécessaire aux expériences, vers la Station spatiale internationale (SSI). Cette station est un laboratoire scientifique situé dans l'espace. Depuis 2000, six astronautes vivent et travaillent dans la station spatiale pendant qu'elle orbite autour de la Terre. Les astronautes restent en général six mois avant de revenir sur Terre dans un véhicule spatial russe, appelé **Soyuz**.

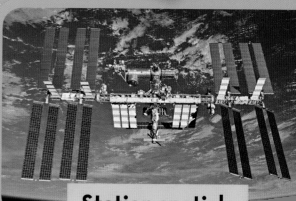

Station spatiale internationale

47

JOUONS UN PEU!

Voici plusieurs choses dont nous avons parlé dans le dernier chapitre. Peux-tu les classer en ordre alphabétique?

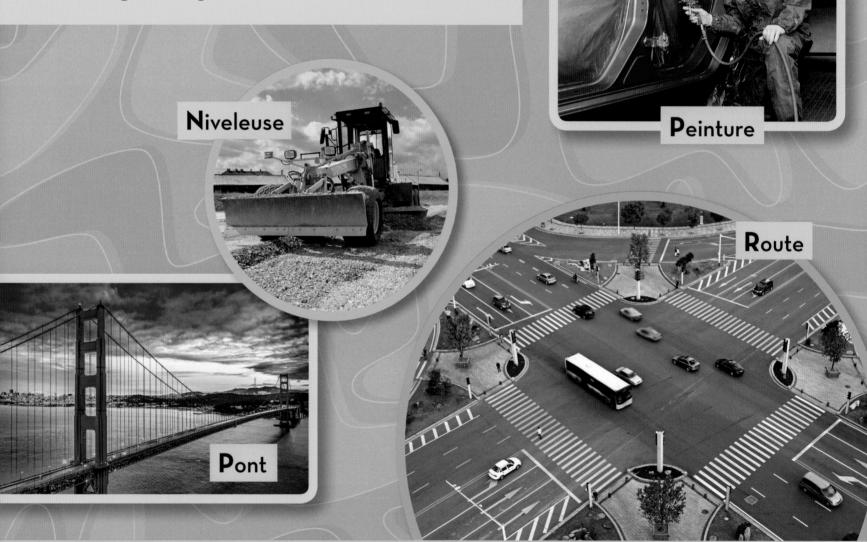

Peinture

Niveleuse

Route

Pont

A B C D E F G H I J K L M

Pneu

Sous-marin

Train à grande vitesse

Grue

N O P Q R S T U V W X Y Z

Réponses : Grue, Niveleuse, Peinture, Pneu, Pont, Route, Sous-marin, Train à grande vitesse.

49

Comment les yeux font-ils **POUR VOIR?**

Comment fait-on pour garder **L'ÉQUILIBRE?**

③

LE CORPS

—— 4^{pi}6^{po}

4 pieds

po

3 pieds

Comment le **NEZ** fait-il **POUR SENTIR?**

COMMENT ATTRAPE-T-ON UN RHUME?

Les rhumes sont causés par des microorganismes appelés virus. Les germes du rhume sont tellement laids que si nous pouvions les voir sur une **poignée de porte**, nous n'y toucherions certainement pas! Mais les germes sont trop petits, il faut un puissant microscope pour les voir.

Supposons qu'un de tes amis a le rhume. Si tu lui serres la main, si tu es tout près de lui ou si tu lui empruntes un crayon au moment même où il éternue (*Atchoum!*), c'est parfois suffisant pour que quelques germes du rhume se retrouvent sur tes mains. Si tu te touches ensuite le nez ou la bouche, les germes entrent dans ton corps.

Les **germes du rhume** se collent aux tissus mous de ton nez ou de ta gorge. Alors, ton organisme envoie des globules blancs — ses petits soldats — combattre le virus. Parfois, les globules blancs l'emportent. Sinon, ton nez et ta gorge deviennent rouges. Ton nez lutte contre le virus du rhume en produisant un mucus épais. Un rhume passe habituellement en quelques jours.

Il est **NORMAL** pour les enfants d'avoir à peu près **SEPT RHUMES** par an.

On attrape **PLUS FACILEMENT** un rhume quand on est **FATIGUÉ.** C'est pourquoi il faut bien dormir!

COMMENT GUÉRIT-ON?

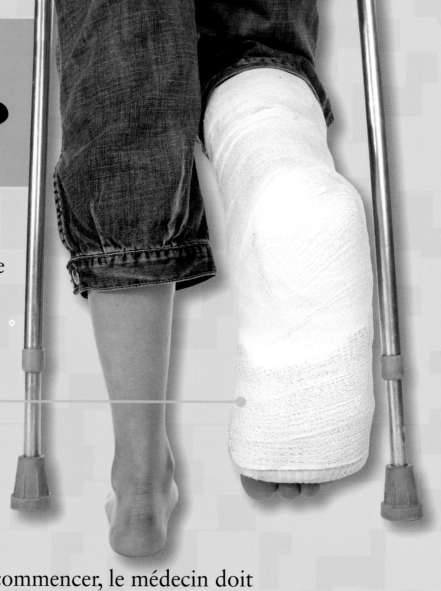

LES FRACTURES

Quand un os se brise, on dit qu'il est fracturé. Les médecins doivent faire une **radiographie** pour savoir où se trouve exactement la fracture. Parfois, ce n'est qu'une petite fissure dans l'os, parfois, l'os est carrément cassé en deux.

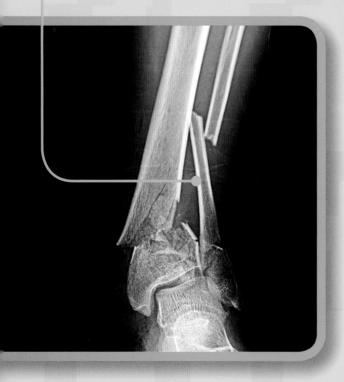

Pour commencer, le médecin doit délicatement remettre l'os dans sa position normale. Il applique ensuite un **plâtre** — un bandage spécial très dur — pour maintenir les os en place.

À cette étape, c'est au tour des os de se mettre au travail. Pendant un mois ou deux, ils devront produire de nouvelles cellules – les blocs de construction de l'organisme – ainsi que de minuscules vaisseaux sanguins. Ils remplacent de cette manière la partie fracturée de l'os par de l'os tout neuf et bien solide.

LES COUPURES ET LES ÉRAFLURES

Ton sang contient des plaquettes qui interrompent les saignements. Quand tu te coupes, les plaquettes se précipitent vers la coupure et s'agglutinent sur toute la région touchée et empêchent le sang de couler.

En séchant, les plaquettes forment une croûte dure qui protège la blessure. Sous cette croûte, les cellules de ta peau s'activent : elles doivent produire une couche de peau toute neuve avant que la croûte ne tombe.

? Est-ce que **TU** t'es déjà **FRACTURÉ** un **OS**?

Les **OS DES ENFANTS** guérissent plus rapidement que ceux des **ADULTES**.

COMMENT GRANDIT-ON?

Tu ne t'en aperçois pas, mais il y a dans ton corps une substance chimique qui circule constamment : l'hormone de croissance. Cette substance chimique agit nuit et jour (mais surtout la nuit!), et c'est elle qui t'aide à grandir.

Certains enfants GRANDISSENT PLUS VITE que d'autres. Si tu veux grandir, assure-toi de **DORMIR DE HUIT À DIX HEURES PAR NUIT**, de faire de l'exercice et de bien manger.

Les enfants grandissent **PLUS VITE AU PRINTEMPS ET EN ÉTÉ** que le reste de **L'ANNÉE.**

Quand tes os s'allongent, tu grandis. Peu à peu, toutes les parties de ton corps deviennent plus lourdes et plus fortes. Tu ne peux pas sentir que tu grandis, mais tu remarques sûrement que ton pantalon est devenu trop court ou que tes souliers sont trop petits!

COMMENT LES YEUX FONT-ILS POUR VOIR?

Quand tu regardes un objet, des rayons de lumière rebondissent dessus et entrent dans tes yeux. Ils passent par le petit trou noir situé au milieu de ton œil, la pupille.

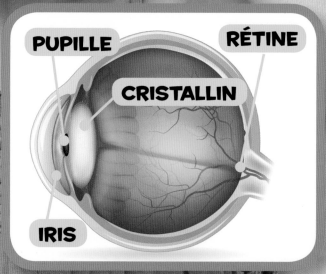

PUPILLE · RÉTINE · CRISTALLIN · IRIS

La lumière traverse ton cristallin — une lentille mince située derrière la pupille — et se rend au fond de l'œil, sur la rétine. C'est la rétine qui transforme les rayons de lumière en signaux que ton cerveau peut comprendre.

Ton iris, la partie colorée de ton œil, est en fait un muscle. C'est lui qui détermine la quantité de lumière qui entre dans tes yeux. Quand tu te trouves dans un endroit éclairé, l'iris rétrécit tes pupilles pour que la lumière ne t'aveugle pas. Quand il fait sombre, l'iris agrandit tes pupilles. Ton œil reçoit ainsi plus de lumière et tu vois mieux.

Tu clignes des yeux plus de **10 000 FOIS PAR JOUR**. Les clignements aident tes yeux à rester **PROPRES** et **HUMIDES**.

PETITE ENQUÊTE SUR LES PUPILLES

1 Place-toi tout près d'un miroir dans une pièce éclairée.

2 Demande à quelqu'un d'éteindre la lumière. Attends au moins 30 secondes.

3 Demande à ton assistant de rallumer la lumière.

4 Observe bien tes pupilles. Est-ce qu'elles rétrécissent ou s'agrandissent quand la lumière revient?

COMMENT LE NEZ FAIT-IL POUR SENTIR?

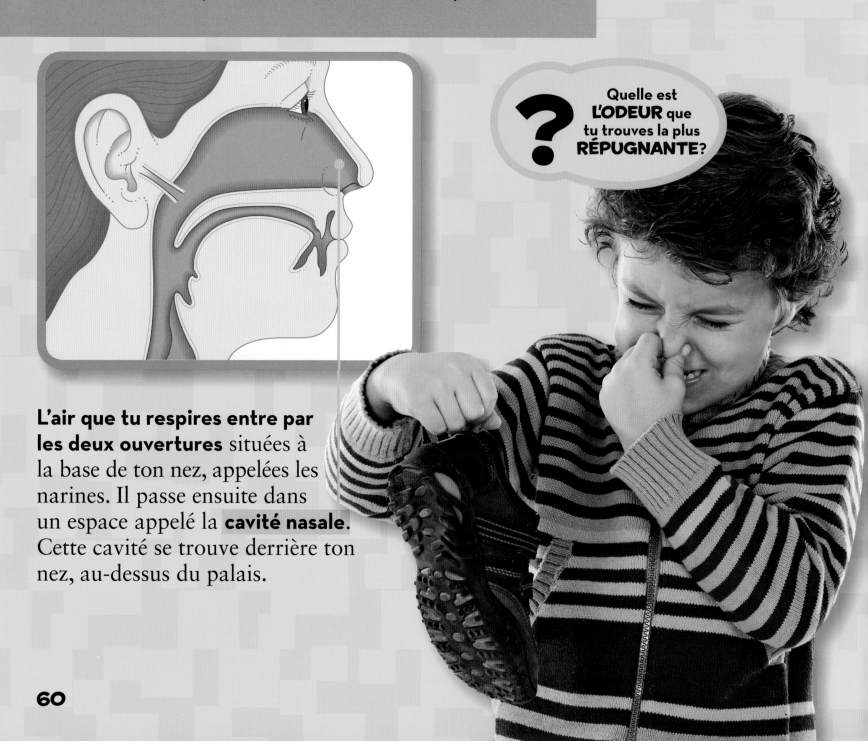

Quelle est L'ODEUR que tu trouves la plus RÉPUGNANTE?

L'air que tu respires entre par les deux ouvertures situées à la base de ton nez, appelées les narines. Il passe ensuite dans un espace appelé la **cavité nasale.** Cette cavité se trouve derrière ton nez, au-dessus du palais.

L'épithélium olfactif est comme une petite usine à l'intérieur de ta cavité nasale qui fonctionne jour et nuit!

Dans cette petite usine, des récepteurs spéciaux captent les odeurs et savent les reconnaître. Ils sont bien trop petits pour que tu puisses les voir : imagine, il y a dix millions de récepteurs dans ton nez!

Quand ces récepteurs captent une odeur, ils envoient un signal à ton cerveau. « Pouah! Mes souliers ne sentent pas bon! », « Miam! Des biscuits au chocolat! » ou « Oh! Une rose! »

LE CERVEAU HUMAIN peut reconnaître des milliers **D'ODEURS DIFFÉRENTES.**

61

COMMENT LA LANGUE FAIT-ELLE POUR GOÛTER?

Tire la langue devant un miroir. Tu remarques qu'elle n'est pas lisse : elle est couverte de petites bosses qu'on appelle les papilles. La plupart sont des papilles gustatives parce qu'elles peuvent goûter. Ces papilles contiennent de minuscules poils. Quand quelque chose touche ces poils, les papilles envoient à ton cerveau un message pour lui dire si cette chose a un goût sucré, salé, amer, acide… ou franchement dégueu!

Tu as environ **10 000 PAPILLES GUSTATIVES** sur la langue. Mais les papilles s'usent! Heureusement, de nouvelles papilles les remplacent tous **LES DIX JOURS.**

À VUE DE NEZ

Pour goûter, tu as aussi besoin de ton nez. Fais une expérience : prends une bouchée de quelque chose et analyse le goût. Après, pince-toi le nez et prends une autre bouchée. Est-ce que tu remarques une différence?

INFOS

Il y a **HUIT MUSCLES** dans ta langue.

La langue humaine mesure environ **DIX CENTIMÈTRES** de longueur.

La langue de la **BALEINE BLEUE** pèse autant qu'un éléphant.

Il y a des papilles gustatives sur ta langue et **DANS TA GORGE.**

Les entreprises alimentaires embauchent **DES GOÛTEURS** qui testent les nouveaux produits.

Tu as dans le fond de chaque oreille trois petits tubes remplis de liquide. Ces tubes sont tapissés de minuscules poils. Chaque fois que tu bouges, le liquide contenu dans les tubes se déplace et fait bouger ces petits poils. Ils envoient des signaux à ton cerveau qui dit à ton corps comment conserver ton équilibre.

Si tu tournes sur toi-même pendant un certain temps, puis que tu t'arrêtes subitement, tu ressentiras une sorte de vertige. C'est parce que le liquide qui se trouve dans les tubes de tes oreilles continue à bouger! Les petits poils disent à ton cerveau que tu es encore en train de tourner. Ton cerveau n'y comprend plus rien. Mais le liquide finit par s'arrêter, et le vertige disparaît.

COMMENT FAIT-ON POUR GARDER L'ÉQUILIBRE?

COMMENT FAIT-ON POUR S'ENDORMIR?

Il est tard et tes paupières sont lourdes. Tu as de la difficulté à garder la tête droite. Tu as l'impression de voir et d'entendre moins bien. En fait, ton cerveau est en train de te dire qu'il est temps d'aller te coucher.

Le sommeil ne vient pas d'un coup, mais en quatre étapes.

Étape 1 : Tu viens de fermer les yeux. Tu pourrais te réveiller facilement.

Étape 2 : Tes muscles se détendent. Ta respiration est plus lente et plus régulière. Les battements de ton cœur ralentissent eux aussi.

Étape 3 : Il est maintenant difficile de te réveiller. Tu peux parler ou bouger, même si tu dors. Il y a même des gens qui marchent dans leur sommeil : ce sont des somnambules.

Étape 4 : Tu dors profondément. Si quelqu'un te réveillait, il te faudrait un peu de temps pour reprendre tes esprits.

Tu passes par les étapes 2, 3 et 4 successivement tout au long de la nuit. Et, cinq fois par nuit environ, tu entres dans la phase de sommeil paradoxal. Pendant cette phase, tes yeux bougent extrêmement rapidement sous tes paupières. C'est durant cette phase que tu rêves.

Certaines personnes ne rêvent pas en **COULEUR**. Elles voient tout en **NOIR ET BLANC** ou encore dans divers tons de **GRIS**.

65

JOUONS UN PEU!

Les photos t'aideront à comprendre l'histoire de Michel et de sa petite sœur Sophie, qui se sont servis de leurs cinq sens aujourd'hui.

 accompagne sa petite sœur

à la clinique médicale. Dans la salle d'attente

du , observe tout avec ses .

Il voit un garçon qui porte un .

Il voit aussi un  dans les bras d'une dame.

La maman de  lui a donné un

sac de tranches de  . Il les renifle avec son 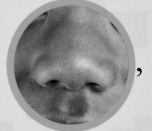 ,

puis les partage avec  . La  laisse un bon goût sucré

sur sa  . Après cette collation,  aide

à faire quelques pas.  tient bien la  de sa

sœur qui cherche à garder l'équilibre sur ses petites  .

Ses cris de joie font  tout le monde.

Comment les chameaux **SUPPORTENT-ILS LA CHALEUR** du désert?

Comment les ours bruns font-ils pour **DORMIR** tout l'hiver?

68

4

LES ANIMAUX

Comment les caméléons **CHANGENT-ILS DE COULEUR?**

COMMENT LES CAMÉLÉONS CHANGENT-ILS DE COULEUR?

Les caméléons changent la couleur de leur peau lorsqu'ils doivent se réchauffer, se rafraîchir ou communiquer avec leurs congénères. Selon les scientifiques, les caméléons peuvent changer de couleur à volonté.

Les cellules de la peau du caméléon sont remplies de minuscules particules de pigments, c'est-à-dire de couleurs. La couche la plus profonde contient des pigments noirs ou bruns, la couche intermédiaire, des pigments bleus, et la couche extérieure, des pigments jaunes et rouges.

Le cerveau du caméléon envoie des signaux aux cellules qui contrôlent les couleurs pour leur dire si l'animal a trop froid ou trop chaud ou s'il doit communiquer un message à un autre animal. Lorsque les cellules de couleurs reçoivent ces signaux, elles gonflent ou rétrécissent. Cela fait varier la réflexion de la lumière sur la peau du caméléon qui change alors de couleur.

Le caméléon change de couleur en **20 SECONDES** environ.

Les castors ne construisent pas toujours leur maison **DANS UN BARRAGE.** Ceux qui vivent près d'un étang, d'un lac ou d'un cours d'eau creusent simplement **UNE TANIÈRE DANS LA BERGE.**

INFOS

Le castor peut rester jusqu'à **15 MINUTES** sous l'eau sans respirer.

LES DENTS DES CASTORS ne cessent jamais de pousser.

Les castors sont des rongeurs, comme **LES RATS, LES SOURIS ET LES ÉCUREUILS.**

Quand il nage, le castor se sert de sa **QUEUE APLATIE** et musclée pour se diriger.

En Alberta, au Canada, il y a un barrage de castors si grand qu'il est **VISIBLE DE L'ESPACE.**

COMMENT LES CASTORS CONSTRUISENT-ILS UN BARRAGE?

Toute la famille castor participe à la construction du barrage. Tout d'abord, avec leurs deux incisives bien tranchantes, les castors abattent de jeunes arbres. Puis ils les traînent jusqu'à l'endroit où le cours d'eau ou l'étang dans lequel ils travaillent est le moins large. Ils les empilent et les entrecroisent. Ensuite, ils bouchent les fentes avec de petites branches, des cailloux et de la boue.

Parfois, les castors s'installent à l'intérieur d'un barrage, dans une **hutte**. La hutte compte deux pièces, l'une pour les repas, l'autre pour le repos. Ces pièces restent au sec. Les castors construisent aussi un ou deux tunnels sous l'eau pour entrer dans leur hutte ou en sortir. Ils font un trou d'aération pour laisser entrer de l'air frais.

COMMENT LES MÉDUSES PIQUENT-ELLES?

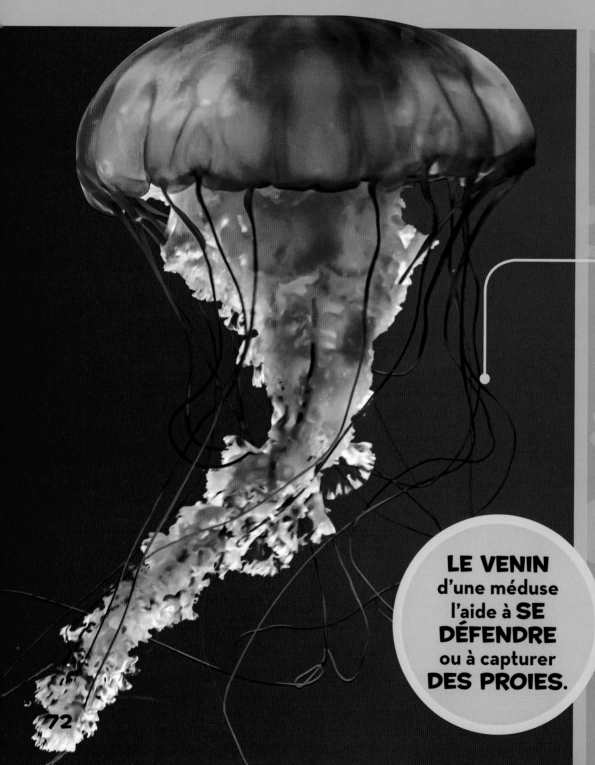

Le tentacule d'une méduse t'effleure et... *aïe!* Tu ressens immédiatement une vive douleur. Tu t'es fait piquer.

Les **tentacules** qui pendent du corps de la méduse contiennent de minuscules tubes remplis de venin — un poison liquide. Au moindre contact, ces tubes projettent leur venin avec une telle force qu'ils se retournent complètement, comme lorsqu'on enlève une chaussette en la tirant par le bord.

LE VENIN d'une méduse l'aide à **SE DÉFENDRE** ou à capturer **DES PROIES.**

INFOS

Les pieuvres sont **CARNIVORES.**

La plus petite espèce de pieuvre, **OCTOPUS WOLFI,** n'est pas plus grosse qu'une pièce de dix sous.

Les pieuvres n'ont **AUCUN OS.**

Les pieuvres ont **TROIS CŒURS.**

Les ventouses qui recouvrent les bras des pieuvres leur servent **À GOÛTER.**

COMMENT LES PIEUVRES CRACHENT-ELLES DE L'ENCRE?

Quand une pieuvre est surprise ou qu'elle se sent menacée, elle projette un nuage d'encre derrière elle et disparaît de la vue de ses ennemis. L'encre est contenue dans une sorte de sac; elle est éjectée en même temps que de l'eau par un orifice appelé **siphon.** Ce jet permet à la pieuvre de s'éloigner. Elle évacue aussi ses déchets par cet orifice.

L'encre produite par les pieuvres est en fait un pigment noir ou brun foncé qu'on appelle la mélanine. C'est la même substance qui donne une couleur foncée à la peau et aux cheveux. La mélanine irrite les yeux des prédateurs et perturbe leur odorat.

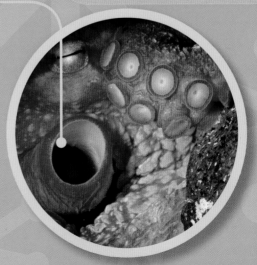

COMMENT LES OURS BRUNS FONT-ILS POUR DORMIR TOUT L'HIVER?

Pendant l'automne, les ours bruns mangent le plus possible pour emmagasiner de la graisse. Ensuite, ils creusent une tanière ou trouvent un creux sous un arbre ou dans des rochers où ils pourront se rouler en boule et dormir. Durant l'hibernation, leur organisme se nourrit de tout le gras accumulé à l'automne.

L'HIBERNATION des ours bruns peut durer jusqu'à **HUIT MOIS!**

Les ours se réveillent souvent pendant l'hibernation. Ils changent de position à l'intérieur de la tanière. Il leur arrive d'aller se promener à l'extérieur, mais leurs aliments favoris — des noix et des baies — sont introuvables, car la neige recouvre tout. Alors, ils retournent dans leur tanière et se rendorment. *Zzzzz.*

Les femelles donnent naissance à leurs petits pendant l'hibernation. Elles sont assez éveillées pour prendre soin de leurs oursons.

PETITE ENQUÊTE SUR LES GROS DODOS

Les ours sont en hibernation tout l'hiver. Ça fait beaucoup de dodos! Toi, combien d'heures dors-tu chaque nuit?

Fais un graphique : chaque jour de la semaine, note dans la colonne combien d'heures tu as dormi la nuit d'avant.

Dessine un visage souriant quand tu as eu une bonne nuit de sommeil et tu t'es réveillé en forme. Dessine un visage triste pour les jours où la mauvaise humeur était au rendez-vous le matin.

Est-ce que ton humeur change selon la durée de tes dodos?

LUNDI	MARDI	MERCREDI	JEUDI	VENDREDI	SAMEDI	DIMANCHE
8	10	9	8	7	10	7

PENSE-BÊTE : _____

Un ours en hibernation **RESPIRE PLUS LENTEMENT** quand il dort. Son rythme cardiaque diminue lui aussi : **10 BATTEMENTS** par minute lorsqu'il dort, contre **45 BATTEMENTS** lorsqu'il est actif.

COMMENT LES SERPENTS À SONNETTE FONT-ILS POUR « SONNER » ?

Le serpent à sonnette **SECOUE SA QUEUE** jusqu'à **90 FOIS** par seconde, et il peut le faire pendant des heures.

Le serpent à sonnette naît avec une sorte de bouton au bout de la queue. Les serpents à sonnette muent (ils changent de peau) plusieurs fois par année. Chaque fois qu'ils muent, un peu de peau reste collée sur ce bouton. La peau sèche et forme une couche aussi dure qu'un ongle. Au bout d'un certain temps, plusieurs anneaux se forment au bout de la queue du serpent.

Le serpent à sonnette secoue sa queue très rapidement pour avertir ses ennemis qu'il est prêt à se battre et à se défendre. Les anneaux s'entrechoquent, et c'est ce qui produit le bruit de « sonnette ».

La queue du serpent ne s'allonge pas indéfiniment. De petits bouts s'en détachent parfois, mais ça ne fait pas mal au serpent, et il ne perd pas tous ses anneaux à la fois. De toute façon, de nouveaux anneaux s'ajoutent régulièrement.

COMMENT LES CHAMEAUX SUPPORTENT-ILS LA CHALEUR DU DÉSERT?

Le pelage du chameau est aussi épais qu'un gros manteau de laine. Ce manteau garde le chameau au chaud le soir et au frais le jour, même en plein désert.

Le chameau est vraiment bien adapté à la vie dans le désert! Ses larges pieds sont dotés d'épais coussinets qui lui permettent de marcher dans le sable sans difficulté. Il a aussi des cils bien drus qui protègent ses yeux et plein de poils dans les oreilles pour empêcher la poussière et le sable d'y entrer. Le chameau est même capable de fermer ses naseaux!

Le plus extraordinaire, c'est que les chameaux peuvent emmagasiner de la graisse dans leurs bosses et de l'eau dans la paroi de leur estomac. Quand ils doivent se passer de nourriture ou d'eau pendant des jours, ils survivent grâce à leurs réserves de graisse et d'eau.

Le **DROMADAIRE** est une espèce de chameau. Il a **UNE SEULE BOSSE.** Il vit au Moyen-Orient et en Afrique. Le **CHAMEAU DE BACTRIANE** a **DEUX BOSSES.** Il vit en Asie.

COMMENT LES BALEINES
SE PARLENT-ELLES?

Les baleines à bosse communiquent de plusieurs façons. Les mâles font entendre de magnifiques chants. Tous les mâles du même groupe ont le même chant. Au début, les scientifiques pensaient que les mâles chantaient ainsi pour attirer les femelles. Mais quand ils ont observé les femelles, ils ont constaté que le chant des mâles les laissait indifférentes.

Toutes les baleines à bosse font un son qui ressemble à *bloup-bloup-bloup* lorsqu'elles mangent. Les baleines grognent et couinent. Elles émettent des sons étranges. Avec leur queue, elles frappent la surface de l'eau. Tous ces bruits seraient pour les baleines des façons de communiquer entre elles. Mais personne ne sait précisément ce que chaque bruit signifie.

Personne ne sait exactement comment elles produisent ces bruits non plus. Les scientifiques sont presque sûrs que les baleines produisent ces sons à l'intérieur de leur tête. Pourtant, quand elles émettent des bruits, leur bouche reste fermée et aucune bulle d'air ne s'en échappe.

La façon dont les baleines produisent tous ces bruits et la raison pour laquelle elles chantent restent un mystère. Les scientifiques espèrent bien résoudre un jour cette grande énigme.

Une baleine à bosse est à peu près aussi lourde que **TROIS AUTOBUS SCOLAIRES**, soit environ 36 000 kg! Mais les baleines sont très fortes et peuvent sauter **COMPLÈTEMENT HORS DE L'EAU.**

COMMENT LES SCIENTIFIQUES RECONSTITUENT-ILS LE SQUELETTE DES DINOSAURES?

Quand un paléontologue trouve **DES DENTS ACÉRÉES**, il sait qu'il s'agit d'un dinosaure carnivore. S'il trouve des **DENTS PLATES**, il sait que le dinosaure était herbivore. **SAIS-TU POURQUOI?**

Les paléontologues sont des scientifiques qui étudient les fossiles, c'est-à-dire les restes bien préservés d'animaux ou de plantes des temps anciens.

Les paléontologues savent beaucoup de choses sur les os des dinosaures. En voyant la forme de l'os, ils reconnaissent une patte, un pied, une vertèbre ou la queue d'un dinosaure. Ils peuvent ensuite reconstituer le squelette. S'ils ne savent pas où placer un os, ils examinent d'autres squelettes de dinosaures comme référence.

Toutefois, il est rare de trouver un squelette de dinosaure entier. Habituellement, on ne trouve que quelques os. Parfois, les os de plusieurs dinosaures sont retrouvés en tas. C'est un véritable casse-tête! À quel dinosaure appartient cet os? Et celui-là?

Heureusement, les paléontologues ont constaté que le squelette des dinosaures est assemblé à peu près comme celui des oiseaux d'aujourd'hui. Cela les aide beaucoup.

JOUONS UN PEU!

Une suite, c'est quelque chose qui se répète. Ici, les animaux sont assemblés en trois suites. Le jeu consiste à trouver quel animal doit figurer dans le cercle vide. La difficulté est progressive.

2 MOYEN

OURS   PIEUVRE   CHAMEAU   OURS   PIEUVRE

3 DIFFICILE

CAMÉLÉON   SERPENT À SONNETTE   MÉDUSE   SERPENT À SONNETTE   CAMÉLÉON

1 FACILE

 CASTOR

 BALEINE

 CASTOR

 BALEINE

 ?

 CHAMEAU

 OURS

 PIEUVRE

 CHAMEAU

 ?

 SERPENT À SONNETTE

 MÉDUSE

 SERPENT À SONNETTE

 CAMÉLÉON

 ?

Comment **LES MARÉES** se produisent-elles?

Comment **LES MONTAGNES** se sont-elles formées?

84

Comment **LES TORNADES** se forment-elles?

5

LA NATURE

COMMENT **LA GRÊLE** SE FORME-T-ELLE?

Lorsqu'il y a une violente tempête, des vents puissants se mettent parfois à souffler vers le haut en emportant des gouttes d'eau. Comme il fait froid en altitude, les gouttes d'eau gèlent. Le vent les ballotte sans arrêt pendant la tempête. Une couche de glace de plus en plus épaisse se forme sur chaque goutte. Quand ces gouttes d'eau gelées deviennent trop lourdes, elles retombent sur la Terre. C'est **la grêle**.

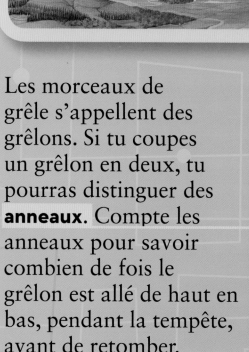

Les morceaux de grêle s'appellent des grêlons. Si tu coupes un grêlon en deux, tu pourras distinguer des **anneaux.** Compte les anneaux pour savoir combien de fois le grêlon est allé de haut en bas, pendant la tempête, avant de retomber.

COMMENT LES TORNADES SE FORMENT-ELLES?

Pendant une tempête, une tornade peut naître lorsqu'une masse d'air chaud et humide rencontre une masse d'air froid et sec. Si ces masses d'air se mettent à tourner l'une autour de l'autre, c'est dangereux. Les fortes tornades s'accompagnent de vents qui peuvent atteindre des vitesses de 480 km/h. Elles peuvent démolir des immeubles, déraciner des arbres et déplacer des automobiles et des camions comme si c'étaient des jouets.

C'est aux **ÉTATS-UNIS** qu'il y a le plus grand nombre de tornades chaque année. Le **CANADA** se place en deuxième position.

Les météorologues prédisent avec de plus en plus de précision le moment où une tornade va se former. Dans de nombreuses villes, une sirène avertit les habitants de l'approche d'une tornade. Les gens doivent alors se mettre à l'abri. S'il n'y a pas de sirène là où tu vis, écoute les bulletins météo à la radio ou à la télévision. Ne te laisse pas surprendre!

COMMENT LES TREMBLEMENTS DE TERRE SE DÉCLENCHENT-ILS?

Quand un **SÉISME** se produit sous **L'OCÉAN**, il donne naissance à d'énormes vagues destructrices : **LES TSUNAMIS.**

? As-tu déjà **RESSENTI** un séisme?

De gigantesques couches de roche se trouvent sous la surface de la Terre : les plaques tectoniques. Le point de rencontre de ces plaques s'appelle une faille. Les plaques bougent un peu et se frottent les unes contre les autres. Parfois, elles n'arrivent plus à bouger, et une pression se crée. Quand les plaques réussissent à se dégager, toute la région située le long des failles est secouée. C'est un tremblement de terre. On peut aussi parler de séisme.

Les plaques tectoniques se déplacent (et causent des séismes) de trois manières différentes le long d'une faille.

Par extension : Les plaques s'éloignent l'une de l'autre.

Par compression : Les plaques entrent en collision.

Par coulissage : Les plaques se déplacent dans des directions différentes.

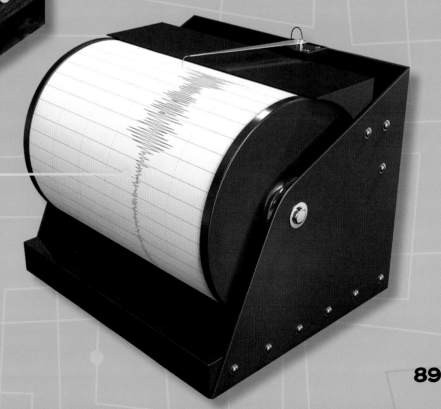

Un **sismographe** est un instrument qui mesure les ondes d'énergie qui se propagent à partir de l'épicentre d'un séisme (l'endroit exact où il a commencé). Le sismographe enregistre aussi la durée de ces mouvements.

COMMENT LES MONTAGNES SE SONT-ELLES FORMÉES?

Parfois, deux plaques tectoniques (voir page 88) se pressent l'une contre l'autre. Alors, la terre et les roches de chaque côté de la faille se soulèvent. C'est ainsi que se forment les montagnes plissées… en quelques millions d'années!

Il y a aussi les montagnes-blocs qui se forment lorsque d'énormes blocs de roche sont ainsi poussés vers le haut.

Certaines montagnes sont formées de magma. Le magma est la roche fondue qui se trouve au centre de la Terre. Il y a parfois des bulles de gaz dans le magma. Quand la température augmente, le magma prend de l'expansion, c'est-à-dire qu'il occupe de plus en plus d'espace. Le magma monte jusqu'à la surface de la Terre en traversant des couches de roches moins solides.

La montagne la plus haute du monde, le **MONT EVEREST**, se trouve à la frontière **ENTRE LA CHINE ET LE NÉPAL.** Le pic le plus élevé du mont Everest culmine à 8 850 mètres au-dessus du niveau de la mer.

Un **PLATEAU**, c'est une **ÉTENDUE PLATE** plus élevée que les terres qui l'entourent. Depuis des millions d'années, **L'ÉROSION** gruge petit à petit les bords du plateau et révèle la surface dure de la roche.

Parfois, le magma arrive si vite à la surface de la Terre qu'il en jaillit comme une fontaine : c'est un volcan. Le magma qui arrive jusqu'à la surface s'appelle alors de la lave. La lave, en refroidissant, devient de la roche. Au fil du temps, il peut s'accumuler plusieurs couches de lave durcie.

Des montagnes peuvent aussi se former quand l'eau de pluie et celle des rivières emportent la terre et tous les matériaux moins résistants que la roche. Ce processus s'appelle l'érosion.

PETITE EXPÉRIENCE SUR LES MONTAGNES

Tu auras besoin de crème fouettée, d'une assiette, d'un plat rempli d'eau et de deux biscuits graham.

Étale la crème fouettée sur l'assiette. N'en mets pas plus de deux centimètres d'épaisseur.

Trempe un des longs bords de chaque biscuit graham dans l'eau pendant une seconde ou deux. Dépose les deux biscuits à plat sur la crème fouettée, en mettant les deux bords mouillés côte à côte. Disons que c'est la croûte terrestre. Maintenant, pousse les deux biscuits l'un vers l'autre. Tu vois? La ligne où les deux bords mouillés se rencontrent s'élève. Et voilà! Tu as créé une montagne plissée.

COMMENT **LES RIVIÈRES** SE FORMENT-ELLES?

L'eau de pluie ou celle qui provient de la fonte des neiges descend les pentes des montagnes et des collines en formant des ruisselets qui en rejoignent d'autres pour former de petits ruisseaux. Ces ruisseaux vont se jeter dans un cours d'eau plus important qu'on appelle un affluent. Tous les affluents rejoignent une rivière qui devient de plus en plus grosse.

Certains cours d'eau prennent naissance dans une source d'eau souterraine qui arrive à la surface de la terre. Cette eau va elle aussi descendre la pente pour alimenter d'autres cours d'eau. Ils se jetteront dans des affluents qui formeront une rivière.

L'eau, même si ce n'est qu'un simple filet, peut traverser la terre et le sable. Les cours d'eau plus rapides creusent le roc. Imagine ce que peut faire un grand fleuve!

Les cours d'eau ne se forment pas **TOUJOURS** sur les flancs d'une montagne. Ils peuvent aussi, comme le fleuve Mississippi, **COMMENCER PAR ÊTRE** un mince ruisseau s'écoulant d'un **LAC.**

COMMENT LES ROCHES SE FORMENT-ELLES?

Il existe plus de 3 000 sortes de minéraux dans le monde.
Tu en connais quelques-uns : le cuivre, l'or, le diamant, la turquoise, la topaze, le quartz.

Les roches sont des combinaisons de certains de ces minéraux. Il existe trois grands types de roches. C'est la façon dont elles se sont formées qui les différencie.

Les roches ignées sont formées par du magma ou de la roche en fusion qui a refroidi et a durci.

Les roches sédimentaires sont formées par plusieurs couches de terre et d'autres matières qui se sont déposées les unes sur les autres.

Les roches métamorphiques sont transformées par l'action de la chaleur et de la pression.

? Est-ce que tu as une **COLLECTION** de roches?

COMMENT LES MARÉES SE PRODUISENT-ELLES?

Tous les jours, partout dans le monde, le niveau d'eau des océans monte et baisse. Pourquoi y a-t-il une marée haute et une marée basse? Eh bien, c'est surtout dû à la position de la Lune.

La Lune exerce sa force de gravité lorsqu'elle est face à la Terre. Cette force attire l'eau des océans, qui monte pendant un certain temps. Le long des côtes, l'eau recouvre une plus grande partie de la plage. Mais, comme la Terre tourne sur elle-même, la force de gravité finit par baisser et l'eau se retire de la plage.

Maintenant, la Lune se trouve face à une autre partie de la Terre et y fait monter la marée. La Terre continue à tourner sur elle-même, les marées continuent à monter et à baisser.

La marée montante et descendante, qu'on appelle aussi flux et reflux, se produit une ou deux fois par jour partout sur la Terre.

C'est dans la **BAIE DE FUNDY,** dans l'est du **CANADA,** que l'on observe **LES PLUS HAUTES MARÉES** du monde. La marée fait normalement monter le niveau de l'eau **DE 1 À 3 MÈTRES.** Dans la baie de Fundy, l'eau **MONTE DE 16,3 MÈTRES!**

COMMENT **LES SAISONS** CHANGENT-ELLES?

La Terre tourne lentement sur elle-même. Une rotation complète prend toute une journée et toute une nuit, c'est-à-dire 24 heures. Quand une partie de la Terre fait face au Soleil, il y fait jour. Quand cette partie n'est plus face au Soleil, c'est la nuit.

Tout en tournant sur elle-même, la Terre effectue une orbite autour du Soleil : elle en fait le tour. Une orbite complète dure 365 jours, c'est-à-dire une année!

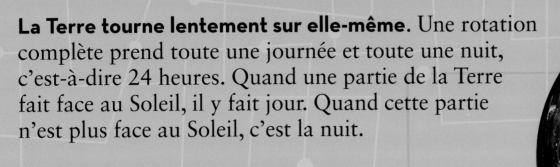

Imagine qu'un long bâton traverse la Terre de part en part, du pôle Nord au pôle Sud. Tu vois comme la planète est un peu inclinée?

Cette légère inclinaison explique la succession des saisons. La Terre tourne autour du Soleil, et son axe (le bâton imaginaire) reste incliné dans la même direction. Pendant l'année, différentes régions de la Terre sont à tour de rôle exposées aux chauds rayons du Soleil.

L'ÉQUATEUR est une **LIGNE IMAGINAIRE** qui fait le tour de la Terre. Quand c'est **L'HIVER** au-dessus de l'équateur, c'est **L'ÉTÉ** en dessous. Et quand c'est **L'ÉTÉ** au-dessus de l'équateur, c'est **L'HIVER** en dessous.

COMMENT LES ARBRES
FONT-ILS POUR POUSSER SI HAUT?

Les arbres poussent parce qu'ils cherchent la lumière du soleil. Mais un arbre a également besoin d'eau pour grandir. Il aspire l'eau du sol par les racines. L'eau circule dans son tronc jusqu'aux branches et aux feuilles, qui ont soif.

Plus un arbre est grand, plus il lui est difficile d'amener l'eau jusqu'à sa cime. En effet, pendant qu'il essaie de faire monter l'eau, une force invisible, la gravité, attire l'eau vers le sol. Quand l'arbre n'a plus assez de force pour amener de l'eau jusqu'à ses plus hautes branches, il arrête de grandir.

INFOS

LE SÉQUOIA est un conifère : il ne perd jamais ses aiguilles.

Le séquoia est une plante indigène qui pousse à l'état naturel sur **LA CÔTE PACIFIQUE** de l'Amérique du Nord.

On pense que les séquoias les plus âgés ont plus de **2 000 ANS.**

Tous ces séquoias géants étaient au début une minuscule **GRAINE** tombée du cône d'un autre séquoia.

LE PLUS GRAND ARBRE du monde encore debout est un **SÉQUOIA.** Il mesure 116 mètres de hauteur. S'il était couché, il ferait la longueur **D'UN TERRAIN DE FOOTBALL.**

La hauteur d'un arbre dépend aussi de son espèce. Par exemple, les chênes peuvent faire plus de 30 mètres de hauteur. Les saules, par contre, atteignent rarement plus de 12 mètres de hauteur.

Les séquoias sont les plus grands arbres du monde. Mais c'est en partie parce qu'ils ont un habitat idéal : jamais trop chaud, jamais trop froid, une terre riche et beaucoup de pluie.

As-tu déjà sauté dans **UN TAS DE FEUILLES MORTES?**

COMMENT LES FEUILLES CHANGENT-ELLES DE COULEUR?

Il y a dans toutes les feuilles des arbres de minuscules poches remplies de pigments (des couleurs), trop petites pour être visibles à l'œil nu. Ces pigments sont verts, jaunes, orange et rouges.

À l'approche de l'hiver, l'arbre **COUPE LE LIEN** entre ses feuilles et ses branches. Les feuilles tombent au sol où elles **SE DÉCOMPOSENT ET NOURRISSENT** la terre.

Tout l'été, les poches qui contiennent du pigment vert absorbent la lumière du soleil et donnent de l'énergie aux feuilles. Cette énergie leur sert à transformer en sucre l'eau apportée par les racines et le dioxyde de carbone, un gaz invisible présent dans l'air. En effet, les arbres se nourrissent de sucre. Pendant l'été, les pigments verts travaillent tellement fort qu'on ne voit qu'eux. Les autres pigments sont plus discrets.

À l'arrivée de l'automne, les jours raccourcissent et il y a moins de lumière. L'air devient plus frais. L'arbre se prépare pour l'hiver : il arrête d'apporter de l'eau à ses feuilles. Sans eau, le pigment vert diminue et laisse la place aux autres pigments. La nature nous offre alors un magnifique spectacle.

COMMENT LES NUAGES SE FORMENT-ILS?

Dans l'air, il y a des gouttes d'eau et des cristaux de glace. Ils sont si petits et si légers qu'ils flottent. Quand il y en a des milliards au même endroit, ils forment des nuages.

Mais d'où viennent toutes ces gouttes d'eau et tous ces cristaux de glace? Ils viennent du sol! Voici ce qui se passe : l'air chaud s'élève. Plus il monte, plus il refroidit. À ce moment-là, de minuscules gouttes d'eau et des cristaux de glace se forment.

INFOS

Les nuages semblent blancs parce qu'ils **REFLÈTENT** la lumière du soleil.

Les nuages gris et épais sont probablement pleins **DE PLUIE.**

LES TRAÎNÉES DE CONDENSATION que les avions laissent derrière eux ressemblent aussi à **DES NUAGES.**

Si les nuages sont verdâtres, c'est qu'un **ORAGE** violent s'en vient.

As-tu déjà vu des nuages **PASSER VITE** au-dessus de ta tête? C'est **LE VENT** qui les pousse. Les nuages peuvent atteindre des vitesses de **160 KM/H!**

On appelle **BROUILLARD** un nuage qui reste **AU RAS DU SOL.**

Les courants d'air chaud poussent les nuages vers le haut.

Les météorologues étudient les nuages pour savoir quel temps il va faire.

JOUONS UN PEU!

Que voit-on dans les cercles de la page de gauche? Pour le découvrir, suis la ligne jusqu'à la page de droite.

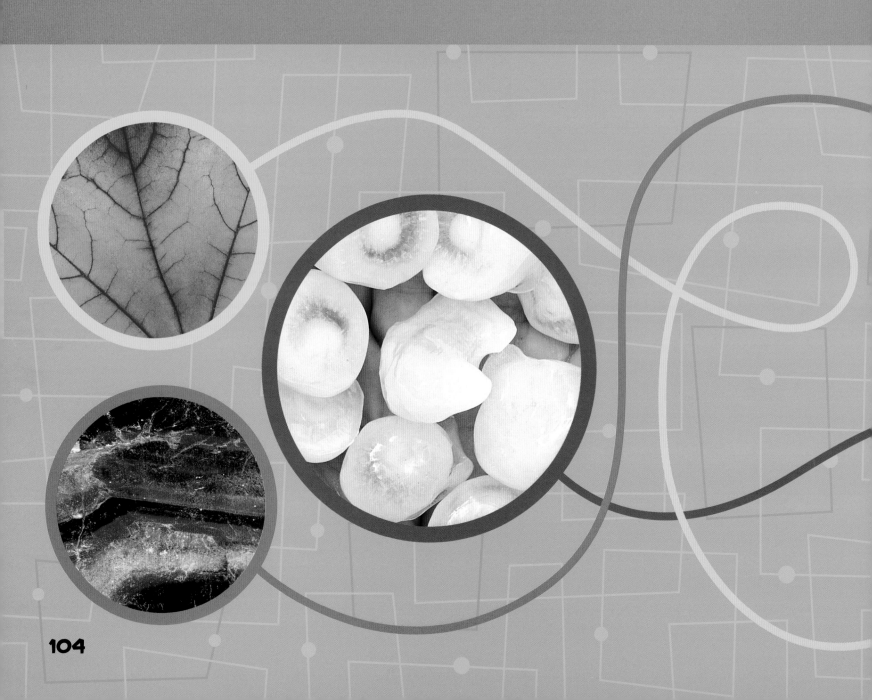

GRÊLONS

FEUILLE

ROCHE

Comment fait-on **DE LA CRÈME GLACÉE?**

Comment tranche-t-on **LE PAIN?**

6

LA NOURRITURE

Comment fait-on la distinction entre **LES FRUITS ET LES LÉGUMES?**

COMMENT FAIT-ON
LA DISTINCTION
ENTRE LES FRUITS ET LES LÉGUMES?

? Quel est **TON LÉGUME** préféré?

Selon les scientifiques, les aliments qui contiennent des graines sont des fruits. Tu connais les fruits sucrés comme les pommes, les pêches, les bananes et les **cerises.** Mais certains aliments que l'on classe habituellement parmi les légumes, comme le maïs, les **concombres,** les courges et les tomates sont aussi des fruits.

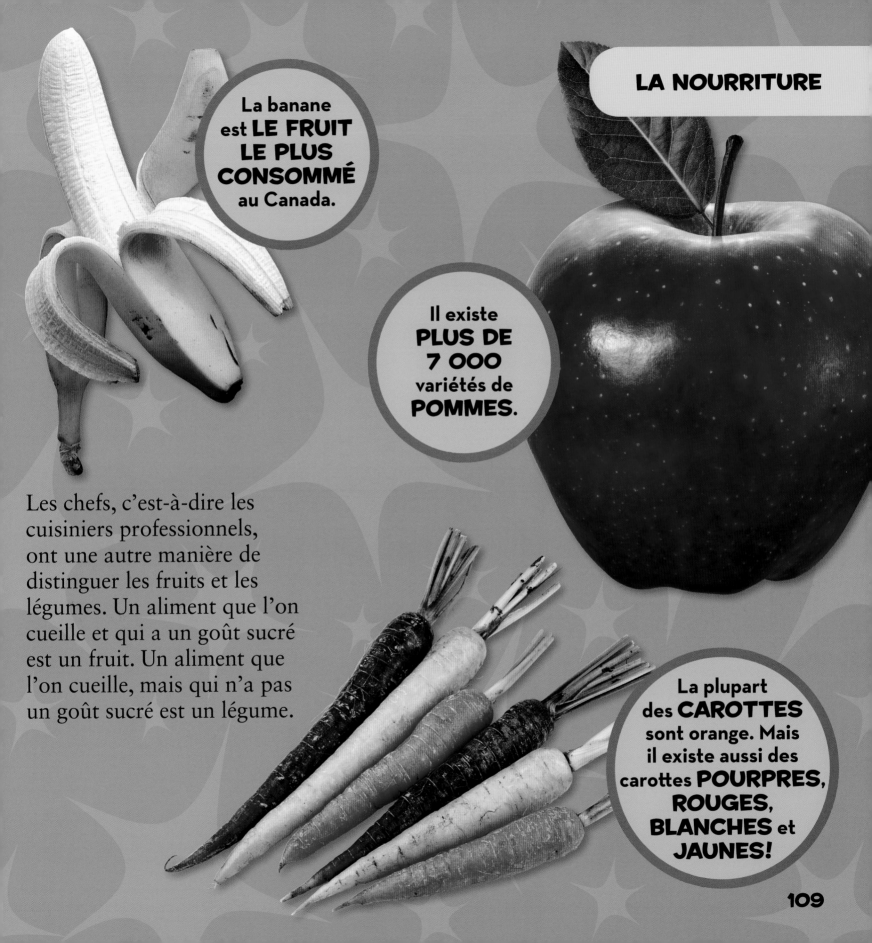

La banane est **LE FRUIT LE PLUS CONSOMMÉ** au Canada.

Il existe **PLUS DE 7 000** variétés de **POMMES**.

Les chefs, c'est-à-dire les cuisiniers professionnels, ont une autre manière de distinguer les fruits et les légumes. Un aliment que l'on cueille et qui a un goût sucré est un fruit. Un aliment que l'on cueille, mais qui n'a pas un goût sucré est un légume.

La plupart des **CAROTTES** sont orange. Mais il existe aussi des carottes **POURPRES, ROUGES, BLANCHES** et **JAUNES!**

COMMENT LES ALIMENTS ARRIVENT-ILS À L'ÉPICERIE?

Les fruits et les légumes sont cueillis à la machine ou à la main par des gens qui travaillent dans les fermes et dans les **vergers.** Une fois emballés, ils sont chargés dans des camions. Les camions livrent tous ces aliments frais — framboises, pommes, carottes et épinards — aux épiceries.

Certains produits récoltés sont transformés avant d'être mangés. Le blé et les autres céréales servent par exemple à faire du pain, des pâtisseries, des pâtes ou des biscuits.

110

Les pommes de terre et les épis de maïs peuvent être transformés en croustilles. De nombreux fruits et légumes sont mis en boîte, congelés ou transformés en jus. Avec de la viande, on peut faire des saucisses ou d'autres charcuteries. Avec le lait, on peut faire du fromage ou de la crème glacée. Les aliments transformés sont eux aussi transportés par camion jusqu'aux épiceries.

Les aliments frais et transformés sont livrés aux entrepôts des épiceries. Ce sont les employés des épiceries qui les placent sur les tablettes. Il ne nous reste plus qu'à les acheter.

? Il y a plus de **15 000** supermarchés au Canada.

COMMENT LA POURRITURE S'ATTAQUE-T-ELLE AUX ALIMENTS?

Pratiquement tous les aliments finissent par se gâter et ne sont alors plus bons à manger. Les bananes se couvrent de taches noires. Les carottes ramollissent. Les pommes deviennent farineuses. C'est normal, les aliments vieillissent.

Parfois, les aliments se gâtent à cause de petits organismes vivants qu'on appelle des bactéries. On ne peut pas voir les bactéries sans un microscope. Mais il y en a partout : dans l'air, dans notre corps, dans nos aliments. En général, les bactéries ne nous font aucun mal. Il y en a même qui sont bonnes pour nous. Mais les bactéries finissent par faire pourrir les aliments.

Certains aliments moisissent. La moisissure, c'est cette espèce de mousse verte qui recouvre les tranches de pain, le fromage ou la viande qui se sont gâtés.

Les aliments se gâtent moins vite quand ils sont bien conservés. La moisissure et les bactéries préfèrent les endroits chauds et humides. Elles ont aussi besoin d'air. C'est pourquoi on conserve certains aliments au réfrigérateur ou au congélateur. D'autres aliments restent plus frais dans des contenants hermétiquement fermés.

PETITE ENQUÊTE SUR LA MOISISSURE

NE PAS MANGER!

Prends deux tranches de pain et mets chacune d'elles dans un sac à sandwich. Ferme bien les sacs. Écris dessus NE PAS MANGER! pour que personne ne mange ton expérience. Ensuite, place un des sacs dans le réfrigérateur, à l'abri de la lumière, et l'autre à un endroit où il sera en contact avec les rayons du soleil. Examine tous les jours les deux tranches. Au bout de combien de temps vois-tu de la moisissure apparaître? Est-ce que tu sais, maintenant, quel milieu la moisissure préfère?

COMMENT TRANCHE-T-ON LE PAIN?

Si tes parents font eux-mêmes leur pain, ils le tranchent avec un couteau. Les boulangers, eux, utilisent une **trancheuse à pain.** Dans les petites boulangeries, les miches de pain fraîchement sorties du four sont tranchées une à la fois.

Dans les grandes boulangeries, les miches de pain frais arrivent par convoyeur jusqu'à une trancheuse qui peut trancher jusqu'à 65 miches par minute. Le convoyeur les transporte ensuite jusqu'à une autre machine qui les met en sac.

Des boulangers **PORTUGAIS** ont fait cuire la plus **LONGUE MICHE DE PAIN** du monde. Elle mesurait **1 212 MÈTRES DE LONGUEUR.** C'est plus long que 100 autobus scolaires les uns derrière les autres!

COMMENT FAIT-ON DE LA CRÈME GLACÉE?

Dans les usines de crème glacée, les travailleurs versent du lait ou de la crème et du sucre dans un énorme réservoir. Ils y ajoutent d'autres ingrédients : des œufs, de la poudre de cacao (du chocolat), des morceaux de fruits, des noix, ou même des cuillerées de pâte à biscuit. Cela devient un mélange sucré qui a la consistance d'un potage. Ensuite, on chauffe ce mélange pour tuer les bactéries nocives. Ce processus s'appelle la pasteurisation.

La crème glacée est la combinaison de ce succulent mélange sucré avec de minuscules bulles d'air et des cristaux de glace. L'étape suivante, l'homogénéisation, rend le tout bien crémeux.

À ton avis, quelle est la dernière étape? Déguster ce délice glacé!

La **CRÈME** glacée à la **VANILLE** est la **PRÉFÉRÉE** des Canadiens.

? Quelle **SAVEUR DE CRÈME GLACÉE** préfères-tu?

115

Les **FÈVES** de cacao poussent à l'intérieur des **CABOSSES**, les fruits du **CACAOYER**. Ces arbres poussent dans les pays **CHAUDS** où **IL PLEUT** beaucoup.

COMMENT FAIT-ON DU CHOCOLAT?

Pour faire du chocolat, il faut d'abord des fèves de cacao. On les fait griller, puis elles sont décortiquées. Ensuite, les fèves sont brisées en éclats. Ces **morceaux de cacao** sont mangeables, mais ils n'ont pas très bon goût : ils ne sont pas du tout sucrés.

INFOS

Il faut environ **800 FÈVES** pour produire un kilo de chocolat.

La plus grande tablette de chocolat du monde pesait à peu près autant qu'un ÉLÉPHANT ADULTE : 5 792 kg.

Le chocolat peut rendre les chats et les chiens très MALADES.

L'odeur du chocolat est REPOSANTE pour le cerveau.

Les habitants de la SUISSE sont les plus grands mangeurs de chocolat du monde.

Les éclats sont broyés jusqu'à ce qu'ils forment une pâte. On ajoute du sucre, du beurre de cacao, de la vanille et du lait à cette pâte. Le mélange est brassé et remué encore et encore. Ensuite, on le fait chauffer et on le laisse refroidir. Il faut répéter ce processus plusieurs fois avant que le chocolat soit prêt.

COMMENT FAIT-ON DU FROMAGE?

Il faut environ **10** kilos **DE LAIT** pour faire **1** kilo de **FROMAGE**.

Pour commencer, les fromagers, les fabricants de fromage, chauffent le lait pour tuer les bactéries nuisibles. Ils ajoutent une bactérie spéciale qui épaissit le lait et lui donne une certaine saveur.

Ensuite, les fromagers ajoutent un ingrédient appelé présure. Avec la présure, le lait épaissi se sépare en deux parties : le lait caillé et le petit-lait.

Il faut ensuite faire cuire le mélange et le remuer. On retire le petit-lait et on presse le lait caillé dans des moules de bois ou d'acier.

Les fromagers ajoutent du sel pour que le fromage se conserve mieux. Ils entreposent les meules dans des bâtiments où la température est constante. Le fromage a besoin de vieillir pour acquérir son goût.

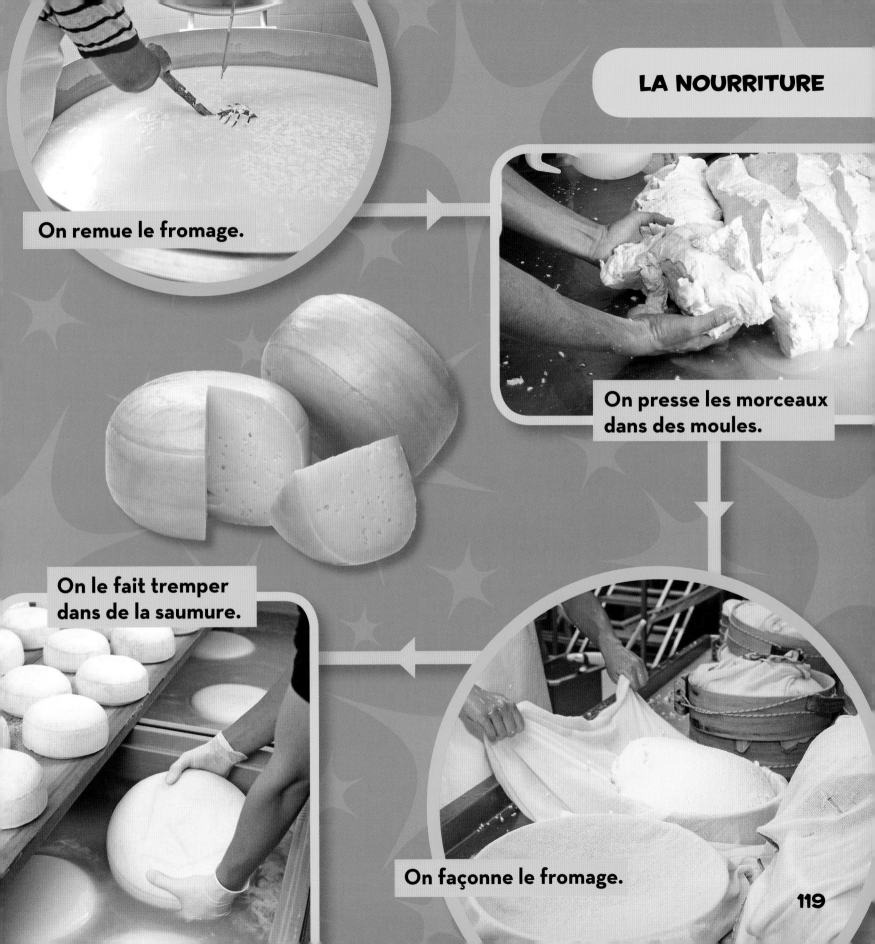

On remue le fromage.

On presse les morceaux dans des moules.

On le fait tremper dans de la saumure.

On façonne le fromage.

COMMENT FABRIQUE-T-ON LE SEL, LE SUCRE ET LE POIVRE?

LE SEL

Il y a trois façons de récolter le sel.

1. Marais salants. L'eau de mer est mise dans de grands bassins peu profonds. Sous l'action du soleil et du vent, l'eau s'évapore. Que reste-t-il? Du sel.

2. Mines de sel. Des machines explorent de grands tunnels souterrains où il y a des veines de sel : c'est-à-dire que la roche est en partie faite de sel. Les machines font exploser la roche et récupèrent le sel.

3. Évaporation. Des machines aspirent l'eau souterraine à des endroits où le sol contient beaucoup de sel. L'eau salée est pompée jusqu'à d'énormes cuves. On la fait bouillir pour ne garder que le sel.

120

LE SUCRE

La plus grande partie du sucre que tu consommes vient d'une grande plante appelée **canne à sucre**. La canne est coupée en petits morceaux qui sont broyés et arrosés d'eau chaude. On obtient ainsi un jus épais. On fait bouillir ce jus et on obtient une sorte de sirop. Ensuite, avec une machine, on fait tourner ce sirop pour obtenir des cristaux de sucre, le sucre brut, et un sirop plus foncé, la mélasse. Le sucre brut est expédié partout dans le monde. Il est brun et peut être consommé tel quel. On peut aussi le raffiner pour faire du sucre blanc.

La betterave à sucre donne elle aussi du sucre. Il faut d'abord laver et trancher les betteraves, puis ajouter de l'eau chaude pour obtenir un jus de couleur brune. On fait bouillir le jus jusqu'à ce qu'il épaississe et prenne la consistance du sirop. Une machine fait tourner le tout pour séparer le sucre blanc du sirop.

LE POIVRE

Le poivrier est une plante grimpante qui pousse en s'accrochant aux arbres en Asie du Sud-Est. Les baies du poivrier donnent les **grains de poivre**. Il faut cueillir les baies et les faire sécher. Le poivre se consomme habituellement moulu.

JOUONS UN PEU!

Sur cette image, plusieurs aliments ont été mis…
à de drôles d'endroits! Combien peux-tu en
trouver qui ne sont pas à leur place?

CONSEILS AUX PARENTS

Une fois le livre terminé, vous pouvez pousser plus loin l'expérience avec votre enfant. Que vous soyez à la bibliothèque, au musée, au restaurant, au zoo ou même à la quincaillerie, vous trouverez facilement un prétexte pour enseigner quelque chose à un enfant curieux de savoir comment les choses fonctionnent. Nous vous proposons ici quelques activités à faire à partir de *Mon grand livre des comment* de National Geographic.

QUELLE EST CETTE ODEUR? (ENQUÊTE)

Le nez peut reconnaître des milliers d'odeurs. Demandez à votre enfant d'attendre dans sa chambre que vous ayez rassemblé toutes sortes de choses de la maison qui dégagent une forte odeur : café, vanille, vinaigre, beurre d'arachide, gomme à effacer, parfum, savon, shampoing. Bandez les yeux de votre enfant ou demandez-lui de les fermer. Faites-lui ensuite sentir chacune de ces choses. Est-il capable de reconnaître ce qu'il sent? Notez ses réponses et demandez-lui ensuite d'ouvrir les yeux. Discutez de ses résultats.

OÙ EST LA STATION SPATIALE? (OBSERVATION)

Avez-vous déjà vu la Station spatiale internationale dans le ciel, le soir? Étendez-vous avec votre enfant sur une couverture, dans la cour, et essayez de repérer la SSI. Trouvez des renseignements en français sur la trajectoire de la station sur l'Internet pour vous aider.

LA COURSE EN COULEURS (IMAGINATION)

Toutes les voitures de course portent un numéro et arborent des couleurs vives pour que les spectateurs puissent facilement repérer leur pilote favori. Demandez à votre enfant de dessiner une voiture de course et d'y mettre des couleurs vives et toutes sortes de motifs en donnant libre cours à son imagination. Il faut que sa voiture soit la plus visible de toutes.

SONNEZ LES SONNETTES (MÉMOIRE)

Appuyez sur la sonnette de votre résidence en suivant un certain rythme.

Demandez à votre enfant de répéter ce rythme. Commencez par des rythmes simples et augmentez progressivement le niveau de difficulté.

RECHERCHE DE L'ÉQUILIBRE (EXERCICE)

Essayez de voir combien de temps votre enfant peut rester debout sur une seule jambe sans perdre l'équilibre. Si c'est trop difficile, laissez-lui poser l'autre pied sur une boîte, puis retirez doucement la boîte. Demandez-lui d'essayer de rester en équilibre les yeux fermés.

GRAND OU PETIT? (MESURE)

Notez la taille de chacun des membres de la famille sur un cadre de porte. Ensuite, montrez à votre enfant comment utiliser un ruban de métal ou de tissu pour mesurer sa taille. Demandez-lui qui, à son avis, grandira encore.

CHANTS DE BALEINE (IMAGINATION)

Chez les baleines, les mâles font entendre de magnifiques chants, mais on ne sait pas encore exactement pourquoi. Faites écouter à votre enfant des chants de baleine. Vous en trouverez sur Internet avec les mots-clés « chants de baleine ». Ensuite, demandez-lui quel serait son chant s'il était une baleine. Comment dirait-il qu'il a faim? Qu'il veut jouer? Qu'il a envie d'un câlin?

ATTENTION, UN SERPENT! (BRICOLAGE/ DEXTÉRITÉ)

Les serpents à sonnette secouent leur queue jusqu'à 90 fois par seconde. Aidez votre enfant à agrafer ensemble deux assiettes de papier entre lesquelles vous aurez placé une poignée de grains de maïs. Demandez à votre enfant de secouer les assiettes le plus rapidement possible, comme le fait un serpent avec sa queue.

DANSE DU SERPENT (IMAGINATION/ EXERCICE)

Demandez à votre enfant d'inventer une danse en utilisant l'instrument de percussion que vous venez de fabriquer.

FORÊT D'ŒILLETS (OBSERVATION)

Les arbres aspirent l'eau du sol par leurs racines et l'amènent jusqu'à leurs plus hautes branches. Pour aider votre enfant à comprendre ce concept, achetez quelques œillets blancs. À la maison, coupez un centimètre à la base de chacune des tiges. Placez les fleurs dans différents verres dans lesquels votre enfant versera de 20 à 30 gouttes de colorant alimentaire rouge, vert, jaune ou bleu. Combien de temps faut-il aux fleurs pour changer de couleur?

LE DINOSAURE (BRICOLAGE)

Les paléontologues, en examinant la forme d'un os de dinosaure, peuvent dire quelle est sa place exacte dans le squelette. Demandez à votre enfant de dessiner un dinosaure coloré sur le carton d'une boîte de céréales. Découpez le dessin en gros morceaux pour faire un casse-tête. Votre enfant pourra ensuite reconstituer l'animal.

CRÈME GLACÉE (RECETTE)

Avec votre enfant, faites de la crème glacée maison. Ingrédients : ½ t. de lait (entier ou 2 %), ¼ t. de sucre, 1 c. à thé de vanille, de la glace, du sel (du gros sel, de préférence), un sac de deux litres pour congélateur, un sac de quatre litres et des gants. Versez le lait, le sucre et la vanille dans le petit sac. Fermez-le hermétiquement et mettez-le de côté. Remplissez à moitié le grand sac de glace concassée. Ajoutez le sel. Mettez le petit sac dans le gros et fermez hermétiquement. Mettez les gants et secouez les sacs pendant 10 à 15 minutes. Plus vous brassez, plus vite le mélange se transformera en crème glacée.

PETITE ENQUÊTE SUR LE CHOCOLAT (OBSERVATION)

Si votre enfant peut manger du chocolat, faites-lui goûter plusieurs variétés pour qu'il observe les différences. Faites-lui goûter un petit morceau de chocolat noir, puis un morceau de chocolat au lait. Donnez-lui quelques éclats de chocolat pour la cuisson, puis un peu de chocolat blanc.

GLOSSAIRE

BACTÉRIE : minuscule organisme vivant, parfois utile, parfois nuisible.

BALLAST : grand compartiment de métal, à l'intérieur d'un sous-marin, que l'on remplit d'air ou d'eau.

CHAUSSÉE : partie de la route sur laquelle les voitures circulent.

FAILLE : fissure dans la surface de la Terre entre deux plaques rocheuses géantes.

FOSSILE : restes préservés d'animaux ou de plantes des temps anciens.

FRACTURE : cassure d'un os.

MAGMA : roche fondue ou partiellement fondue se trouvant loin sous la surface de la Terre.

SOURCE : eau qui jaillit du sol.

TSUNAMI : énorme vague océanique causée par un tremblement de terre survenu sous l'eau.

VIRUS : créature microscopique qui cause des rhumes et d'autres maladies.

RESSOURCES ADDITIONELLES

LIVRES

Furgang, Catherine. *Absolument tout sur la météo*, Éditions Scholastic, 2016

Hughes, Catherine D. *Mon grand livre de dinosaures*. Éditions Scholastic, 2015.

Hughes, Catherine D. *Mon grand livre de l'espace*. Éditions Scholastic, 2016.

Shields, Amy. *Mon grand livre des pourquoi*, Éditions Scholastic, 2014.

Tomacek, Steve. *Absolument tout sur les roches et minéraux*. Éditions Scholastic, 2016.

INDEX

À GREGORY – J.E.

Publié par National Geographic Society

John M. Fahey, Jr.,
président du conseil d'administration et chef de la direction

Timothy T. Kelly,
Président

Declan Moore,
vice-président directeur; président de l'édition

Melina Gerosa Bellows,
vice-présidente directrice de la création, enfants et famille, médias internationaux

Sincères remerciements à Shannon Donahue, *Great Bear Foundation*, à Christopher J. Raxworthy, Ph. D., *American Museum of Natural History*, à Laura Richardson, enseignante en première année à Chester Hill, dans le Massachusetts, et à John Umhoefer, *Wisconsin Cheese Makers Association*.

Catalogage avant publication de Bibliothèque et Archives Canada

Esbaum, Jill
[Little kids first big book of how. Français]
    Mon grand livre des comment / Jill Esbaum ; texte français du Groupe Syntagme.

(National Geographic kids)
Traduction de: Little kids first big book of how.
Comprend un index.
ISBN 978-1-4431-6098-8 (couverture rigide)

    1. Technologie--Miscellanées--Ouvrages pour la jeunesse.
2. Sciences—Miscellanées—Ouvrages pour la jeunesse.
3. Questions et réponses d'enfants.
I. Titre. II. Titre: Little kids first big book of how. Français.
III. Collection: National Geographic kids

T48.E8314 2017   j600   C2017-901787-X

National Geographic est l'une des institutions scientifiques et éducatives à but non lucratif les plus importantes au monde. Fondée en 1888 pour « accroître et diffuser les connaissances géographiques », sa mission est d'inciter le public à se préoccuper de la planète. National Geographic reflète la diversité mondiale par de multiples moyens : magazines, émissions de télévision, films, musique et émissions de radio, livres, DVD, cartes, expositions, événements en direct, publications scolaires, produits multimédias et marchandises. Le magazine officiel de la société, *National Geographic*, est publié en anglais et dans 33 autres langues et compte chaque mois plus de 38 millions de lecteurs. La chaîne de télévision The National Geographic Channel est regardée par 320 millions de foyers dans 166 pays en 34 langues. National Geographic Digital Media accueille plus de 15 millions de visiteurs chaque mois. National Geographic a financé plus de 9 400 projets de recherche scientifique, de préservation et d'exploration, et elle soutient un programme éducatif promouvant le savoir géographique. Pour plus de renseignements, veuillez vous rendre à nationalgeographic.com.